桜の花で飾られた中町の山車、昭和 27 年が最後となる。　左：表屋商店　右：髙橋文助商店
昭和 10 年　現在銀座 3 丁目で　彩色：鈴木一峯

先箱・先道具・大鳥毛と続く。右の銀座センターは昭和35年に完成、平成18年に取り壊す。
昭和44年　銀座通りで　昭和45年ポスターより

正木町の山車　明治10年に小垣江から購入、昭和38年まで使用する。昭和38年　市原稲荷神社で

新町の山車　昭和40年が最後となる。
昭和38年　市原町で

家康の母於大の方ふるさと「三州刈谷」の大名行列。
万燈通り平成 18 年に完成する。
平成 16 年　万燈通りで

右から行列世話人・具足才領・梵天・立弓・先箱・
先道具・大鳥毛と続く。
平成 12 年　東陽町通りで

神幸祭　子供獅子　平成 10 年　市原稲荷神社で

神幸祭　触太鼓　平成 10 年　市原稲荷神社で

神幸祭　神輿平成 2 年に修復する。
平成 10 年　市原稲荷神社で

奴のねり　先道具・大鳥毛・台傘・立傘・先中道具・中道具・供槍・供箱・中箱と続く。正覚寺から出発したところ。寺横町祭礼蔵・集会所は、白破線付近にあり昭和 12 年頃この道路開通によりなくなる。　平成 12 年　寺横町で　撮影：平井芳男

大名行列と小垣江の山車　市制 50 周年記念、アーケード街は昭和 46 年に完成「刈谷 1 番街」と名付けられた。平成 12 年　刈谷市駅前通りで

奴のねりと新町・肴町の山車　於大通り平成 12 年に完成する。平成 23 年　於大通りで

先道具・大鳥毛　　平成 20 年　万燈通りで

左から於上の方：豊田麻里・於富の方：中村智恵・
於大の方：林美奈子　後ろが侍女
平成 14 年　市原稲荷神社で

子供奴　平成 20 年　万燈通りで

殿様：池田大輔　駕籠を新調する。
平成 17 年　万燈通りで

大鳥毛 2・台傘・立傘・先中道具と続く。
平成 13 年　市原稲荷神社で

今川八幡宮祭礼　平成 22 年 10 月 10 日　今川町で（旧東海道）

東海道宿駅設置 400 年記念　奴道中
平成 13 年 10 月 14 日　今川町で（旧東海道）

修復された小垣江の山車　平成 6 年に関興業㈱から譲り受け 122 年振りに里帰り。
平成 10 年刈谷市有形民俗文化財に指定。金比羅神社祭礼　平成 11 年 4 月 11 日　小垣江町清水で

大名行列参加者　本殿を昭和 38 年に造営する。平成 11 年　市原稲荷神社で

修復された肴町・新町の山車　山車祭参加者　新町の山車：平成 9 年・肴町の山車：平成 12 年にそれぞれ刈谷市有形民俗文化財に指定。平成 23 年　市原稲荷神社で　撮影：加藤繁則

刈谷の
大名行列と山車祭

河野和夫

刊行に寄せて

刈谷の大名行列は、江戸時代の中期に始まったといわれ、「奴のねり」として刈谷市の無形民俗文化財にも登録されている伝統的な行事である。伝承によれば、市原稲荷神社の祭礼に、十万石の格式で架空の殿様秋田出来守が神輿を警固する形で行われたと伝えている。

市原稲荷神社の例大祭は五月三日である。この日には、大名行列が寺横町、山車の花車が本町・中町・肴町・新町・正木町の奉納で毎年行われていたが、近年は隔年に開催され、肴町・新町の山車奉納となっている。

刈谷市は、徳川家康の生母の実家水野家の居城刈谷城の城下町として発展してきたことから、行列に「於大の方」などの女性たちが加わり、勇壮な「奴のねり」とともに華やかな江戸絵巻を繰り広げている。平成二十五年は水野忠政が天文二年（一五三三）に築城してから四百八十年になる事を記念して「刈谷城築城４８０年記念事業」が行われたことの一環として、大名行列も殊に盛大に行われた。

著者の河野和夫さんは、幼いころから祭が好きで、長じてはその歴史に興味を持たれ、土木技師として勤めの傍ら、刈谷の祭の歴史を丹念に調べて来られた。平成九年には『刈谷の万燈祭』を刊行して高い評価を得られた。その後、大名行列と山車祭の歴史について、古文書や神社の資料を解読されるなど、調査研究に打ち込まれること十有余年、ついに本書を刊行されるに至ったことをうかがい、多年のご苦労を偲び、心から祝意を表すものである。

戦後の高度成長とともに大型商業施設の郊外進出により、城下町商店街の衰退が進んですでに年を経ている。刈谷が誇る伝統行事である大名行列と山車祭を後世に発展的に継承するには格段の尽力が求められている。こうした時期に刊行される本書からは、保存への限りない励ましと先人の深い智恵が授かると思うのである。どうか一人でも多くの方に読んでいただき、刈谷の大名行列と山車祭の保存継承に役立てくださるよう切に願うものである。

刈谷市大名行列保存会会長　渡邊　孝

はじめに

四月祭または春祭と呼ばれている祭礼には獅子・神幸祭・大名行列・花車（現在は山車と呼ぶ）が揃って巡行する。これは愛知県刈谷市に鎮座する市原稲荷神社の例祭に行われる。この中で神輿の警固をする花車は約四四〇年前、大名行列は約三〇〇年前から続いている由緒ある祭礼である。私たちが地元で自慢できる、神幸祭・大名行列・山車が一つとなって行われる祭礼は、全国的に見ても珍しいものである。奴のねりは、独特の所作や「アー　ヨーイヤセ　コレナニ　ガ　サデサ」の掛け声と共に江戸時代から受け継がれてきた。昭和二十七年頃までは獅子（末広町）・神幸祭・大名行列（寺横町）・花車（中町・肴町・新町・正木町）が出て盛大に行われ街にも活気があふれていた。時代と共に大型店舗が郊外へ進出することにより、市街地商店の閉鎖や人口減少に拍車が掛かり、祭礼の維持管理も難しくなり規模縮小を余儀なくされてきている。

町の変遷については、天保十一年に正木新道（後に正木町）が肴町から分れ、明治に入り旧城内の門がなくなり緒川町が出来、元中根町から分れた中根町と隣接する葭池町が出来た。明治二十一年に刈谷駅が開業したことにより、桜町が明治三十八年に誕生、続いて大正末から昭和にかけて栄町・緑町・松葉町・東陽町など新しい町が誕生したことで、市街地を中心に刈谷の町が発展して行った経過を見て取ることができる。昭和三十五年の町名変更により昭和四十年から昭和四十六年にかけて、正木町・肴町・葭池町・緑町などは新町名に改名されたが祭礼は引き継がれている。

この祭礼を記録として残しておかないと刈谷の伝統芸能が途絶えてしまうのではないか。その思いに動かされ、十年程前から多くの方々の御協力を得て資料を収集し調査研究してきた。幸い刈谷には『刈谷町庄屋留帳』、各町の祭礼帳等の古文書が残っていて、起源から現在までの変遷をまとめることができた。今後の祭の継承発展と共に、街の活性化にお役に立てればと思う。

平成二十七年三月吉日

河野和夫

目次

凡　例

・字体は原則として常用漢字を使用した。
・仮名は常用のひらがなとした。
・句読点・読み仮名を付けた。
・解読不明箇所は□とした。
・氏名の敬称は略した。

一、大名行列と山車の由来

大名行列が祭礼として行われるようになったのは、寛永十二年（一六三五）三代将軍徳川家光の時、「武家諸法度」が制度化されて、一年置きに国元と江戸を行き来する「参勤交代」が義務付けられてからである。参勤する時は道中の無事を祈願して地元の神社へ参拝を行い、この時の出府する様子を祭礼に取り入れたものである。

市原稲荷大明神（現在市原稲荷神社）の祭礼は天正元年（一五七三）四月朔日・二日から始り、本町の獅子を先頭に神輿渡御が行われ、神輿の警固で鉄砲・弓・御長槍を持った人々に守られて御旅所まで巡行する。貞享四年（一六八七）には本町から花車（山車）が出来、中町の獅子と共に、神輿を警固する花車が町内を巡行した。その後、本多忠良が宝永七年（一七一〇）に城主になり、正徳二年（一七一二）の市原稲荷大明神祭礼で、寺横町の奴と末町《すそまち》の獅子と共に神輿の警固を行ったのが大名行列の始まりで、奴が十万石の格式を以て、「秋田出来守・・殿様」と架空の殿様名を付け神輿を警固する形式を表している。この名前は、春に田植えを行い収穫の秋には、沢山のお米が出来ることを祈って付けたものである。現在も大名行列の主体となる寺横町の奉仕によって行われ、昭和四十五年（一九七〇）からは徳川家康の生母於大の方や腰元も加わって華やかさが添えられ今日に至っている。

◉祭礼日の変遷

天正元年（一五七三）四月一日・二日
宝永五年（一七〇八）今年から本祭を一年置きに行い、現在の西暦で言う偶数年とする。四月一日・二日
安永二年（一七七三）今年から奇数年とする。四月一日・二日

明治一六年（一八八三）今年から旧暦四月一日・二日

明治四一年（一九〇八）今年から太陽暦五月一日・二日
昭和三八年（一九六三）今年から四月第二土・日曜日
平成二年（一九九〇）今年から五月一日・三日（前年まで雨天の開催が多かったので、二日は登校日の為）

二、祭の進行

現在の祭礼は、市原稲荷神社から神輿が御旅所（秋葉社）まで行く神幸祭が午前十一時に神社を出発、市内を巡行しながら秋葉社に午前十一時五十分に到着後休息する。

昔の大名行列は、神輿を迎えに市原稲荷神社まで行っていましたが、これを改めて、正覚寺を午前十一時二十五分に出発。寺横町を通り、東陽町で正午に山車と合流してから、万燈通りで奴のねり「アー　ヨーイヤセ　コレナニ　ガ　サデサ」と掛け声と共に披露する。その後午後一時二十分に神幸祭と合流してから、大名行列・山車・神幸祭の順に市内を巡行しながら市原稲荷神社に向かい、午後三時三十五分に到着する。

◉大名行列順（平成二十五年）

役名	人数	役名	人数	役名	人数
納戸役	1	中道具	4	↑	
寺横町世話人	1	供　槍	4	大名行列保存会、職員	2
高札　侍女	1	供　箱	4	寺横町世話人、職員	2
侍　女	10	中　箱	4	高札　住吉小学校	1
高札　東浦町　侍女	1	車椅子奴	15	住吉小学校金管バンド	45
東浦町　侍女	5	高札　飯田市	1	高札　亀城小学校	1
寺横町世話人	2	飯田奴	30	亀城小学校ブラスバンド	40
高札　於大の方	1	高札　子供奴	1	錫　杖	2
高札　於大姫（東浦町）	1	寺横町世話人	1	供　侍	7
高札　於富の方（於大の母）	1	子供奴	14	高札　行列奉行	1
高札　於上の方（於大の姉）	1	行列世話人	1	高札　家　老	1
花車　於大の方・於大姫	2	高札　筒　持	1	寺横町世話人	2
花車　於富の方・於上の方	2	筒　持	3	行列奉行	1
高札　手づくりよろいの会	1	高札　殿　様	1	家　老	1
東浦町手づくりよろいの会	10	御近習	6	高札　奴	1
高札　少年武者	1	寺横町世話人	1	頭	1
寺横町世話人	1	殿　様	1	行列世話人	1
少年武者	12	駕籠の方	7	具足才領	1
供　侍	7	殿様の保護者	2	立　弓	2
山車保存会、職員	1	具足（駕籠方予備）	2	先　箱	4
高札　肴町の山車	1	御草履	6	先道具	4
肴町山車	60	供　侍	8	大鳥毛	3
高札　新町の山車	1	高札　少女腰元	1	台　傘	2
新町山車	60	寺横町世話人	1	立　傘	2
神輿（神幸祭）	118	少女腰元	30	先中道具	4
合　計	582人				

大名行列行進経路・交通規制図　平成25年　チラシより

◉ 奴の掛け声

箱（始まり）

一、（前）アー、ヨーイヤセ（ねり歩き始める）
二、（後）コレナニ　ガ　サデサ
三、（前）ヨイヨー、セノセ
　（二、三、数回繰り返す）
四、（前）ヨイヨイト、セー（大きく）
五、（後）アー、ヨヨイヨイ　ヨイ（前の奴の横に並ぶ）
六、（前）コレナニ　ガー　サデサ
七、（後）ヨイヨー、セノセ
　（六、七、数回繰り返す）
八、（前）ヨイヨイト、セー（大きく、箱を受け渡す）
九、（後）エイヨ！（受け手は手を打つ）
ヤー、マイリマショ（箱を受け取る）（終わり）
シ、シ、シ、シ（前一礼、向き合い一礼）

傘・大鳥毛

一、ヨオー（投げる時のみ）

槍（始まり）

一、（前）シッ！（ねり歩き始める）
二、（前）チョイチョイト、セノセ
三、（後）コレナニ　ガ　サデサ
　（二、三、数回繰り返す）
四、（前）チョイチョイト、セー（大きく）
五、（後）アー、チョイ、チョイ、チョイ（横に来る）
六、（後）コレナニ　ガ　サデサ（前に来る）
七、（前）チョイチョイト、セノセ
八、（後）コレナニ　ガ　サデサ
　（七、八、数回繰り返す）
九、（前）チョイチョイト、セー（大きく）
十、（後）ヨォー（振り向く）
一一、（後）ヨイトサノー、サノサノサー（前を向く）
一二、（後）アー、ヨーイヤセ（担ぐ）

奴のねり　立傘・台傘・槍と続く。
平成 18 年　市原稲荷神社で

◉歴代殿様

年代	殿様	年齢
昭和二十五年	磯村光圀	11
昭和三十八年	水野久典	6
昭和三十九年	加藤照男	10
昭和四十年	長谷川伸一	9
昭和四十一年	鬼頭俊行	10
昭和四十二年	松沢啓一	6
昭和四十三年	酒井利幸	7
昭和四十四年	市川晶也	9
昭和四十五年	内藤信幸	7
昭和四十七年	魲 啓介	7
昭和五十年	関 淳之	6
昭和五十二年	神谷武志	7
昭和五十五年	豊田偉久	8
昭和六十年	堀田庄三	11
平成二年	三浦 樹	7
平成七年	小島 翔	7
平成九年	市川嘉之	6
平成十年	酒井智隆	4
平成十一年	坂田和也	7
平成十二年	宮田泰伎	5
平成十三年	百合嶋駿	5
平成十四年	安藤瑠一	5
平成十五年	松井憲吾	6
平成十六年	佐野光哉	6
平成十七年	池田大輔	6
平成十八年	遠藤拓海	5
平成十九年	石原愛也	6
平成二十年	太田吉一	6
平成二十一年	清水将人	6
平成二十二年	永坂謙龍	7
平成二十三年	吉岡明寛	7
平成二十五年	杉山輝明	6

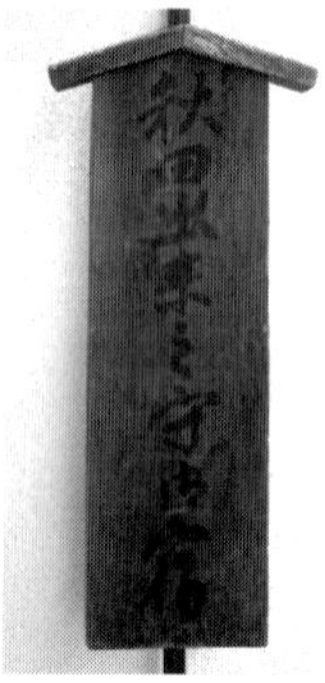

秋田出来之守御宿看板
昭和 38 年 4 月製作

◉歴代於大の方・於富の方・於上の方

年代	於大の方	於富の方	於上の方
昭和四十五年	毛受百合子	準於大の方 柘植知里	／
昭和五十年	都築啓子	準於大の方 杉浦万里子	／
昭和五十五年	桑原淑恵	上臈 関戸美穂	上臈 八尋優子
昭和六十年	神谷美江	上臈 稲垣かおり	上臈 梶川美智子
平成二年	野場早織	上臈 両角広美	上臈 早川美奈
平成七年	兼子知与	上臈 佐藤友紀	上臈 伊藤寿己子
平成九年	桜井涼子	夏目直美	加藤みどり
平成十年	加納しのぶ	今國 忍	鈴木小夜子
平成十一年	川野由美子	伊藤美紀	舩橋朋子
平成十二年	浜島由賀里	前多理絵	鈴木景子
平成十三年	近藤ゆかり	伊藤 幹	水野潤子
平成十四年	林美奈子	中村智恵	豊田麻里
平成十五年	鶴見玲子	福井れい	清水美由紀
平成十六年	長谷川泉	小澤里美	杉田未奈子
平成十七年	成田陽香	葛谷容子	西畑里奈子
平成十八年	斎藤智慧	加藤理紗	平野香菜
平成十九年	田島めぐみ	五反田彩奈	山田知佳
平成二十年	張 磊	相濱梨沙	鈴木香菜恵
平成二十一年	鈴木茉莉枝	鈴木志穂美	武部麻衣
平成二十二年	小菅理沙	今井裕子	深津美月
平成二十三年	西尾咲紀	石井紋子	近藤頌子
平成二十五年	渡部遥香	佐々木悠子	吉牟田愛

於大《おだい》の方《かた》…刈谷城主水野忠政の子として生まれ、岡崎城主松平広忠に嫁ぎ竹千代（後の徳川家康）を生む。

於富《おとみ》の方《かた》…水野忠政の妻で、徳川家康の外祖母に当たる。

於上《おじょう》の方《かた》…於大の方の姉で松平家忠の妻である。

上《じょう》　臈《ろう》…殿様女中の高級者。

左から待女・於富の方：佐々木悠子・於大の方：渡部遥香・於上の方：吉牟田愛・待女　平成25年　万燈通りで

◉山車の変遷

貞享四年	（一六八七）	本町						
元禄十四年	（一七〇一）	本町		末町				
宝永二年	（一七〇五）	本町	肴町	末町				
正徳二年	（一七一二）	本町	肴町	中・末町				
寛政九年	（一七九七）	本町	肴町	中町	新町			
明治十年	（一八七七）	本町	肴町	中町	新町	正木町	市原町	
明治二十六年	（一八九三）	本町	肴町	中町	新町	正木町	市原町	
明治二十八年	（一八九五）	本町	肴町	中町	新町	正木町		
大正十四年	（一九二五）	本町	肴町	中町	新町	正木町		
昭和四年	（一九二九）		肴町	中町	新町	正木町（休祭）		
昭和十二年	（一九三七）		肴町	中町	新町	正木町		
昭和二十二年	（一九四七）		（休祭）（戦争の為中止）	中町	新町	正木町		
昭和二十五年	（一九五〇）		肴町	中町	新町	正木町		
昭和二十七年	（一九五二）		肴町	中町	新町	正木町		
昭和三十年	（一九五五）		肴町		新町	正木町		
昭和三十八年	（一九六三）				新町	正木町		
昭和四十年	（一九六五）		（中止）		新栄町	（中止）		
平成十一年	（一九九九）				（中止）			小垣江
平成十四年	（二〇〇二）		肴町					
平成二十一年	（二〇〇九）		肴町		新町			小垣江

◉町名の変遷

年	町名
正徳二年（一七一二）	本町・肴町・中町・寺横町・末町（これ以前は不明）
寛政九年（一七九七）	本町・肴町・中町・寺横町・末町・新町
天保十一年（一八四〇）	本町・肴町・中町・寺横町・末町・新町・正木新道
嘉永七年（一八五四）	本町・肴町・中町・寺横町・末町・新町・正木新道・市原町
明治六年（一八七三）	本町・肴町・中町・寺横町・末町・新町・正木新道・市原町・緒川町・葭池町・中根町・元中根町
明治九年（一八七六）	本町・肴町・中町・寺横町・末町・新町・正木町・市原町・緒川町・葭池町・中根町・元中根町
明治三十八年（一九〇五）	本町・肴町・中町・寺横町・末町・新町・正木町・市原町・緒川町・葭池町・中根町・元中根町・桜町
大正十三年（一九二四）	本町・肴町・中町・寺横町・末町・新町・正木町・栄町・市原町・緒川町・葭池町・中根町・元中根町・桜町
大正十五年（一九二六）	本町・肴町・中町・寺横町・末町・新町・正木町・栄町・市原町・緒川町・葭池町・中根町・元中根町・桜町・豊田町
昭和四年（一九二九）	本町・肴町・中町・寺横町・末町・新町・正木町・栄町・松葉町・市原町・緒川町・葭池町・中根町・元中根町・緑町・桜町・豊田町
昭和八年（一九三三）	本町・肴町・中町・寺横町・末町・新町・正木町・栄町・松葉町・市原町・緒川町・葭池町・中根町・元中根町・緑町・東陽町・桜町・豊田町・南桜町
昭和三十九年（一九六四）	本町・肴町・中町・寺横町・末広町・新栄町・正木町・栄町・市原町・緒川町・葭池町・中根町・元中根町・緑町・東陽町・桜町・豊田町・南桜町
昭和四十年（一九六五）	本町・肴町・中町・寺横町・末広町・新栄町・正木町・市原町・緒川町・葭池町・中根町・元中根町・緑町・東陽町・桜町・豊田町・南桜町
昭和四十四年（一九六九）	本町・肴町・中町・寺横町・末広町・新栄町・正木町・司町・葭池町・中根町・元中根町・緑町・東陽町・桜町・豊田町・南桜町
昭和四十五年（一九七〇）	肴町・銀座・寺横町・新栄町・正木町・司町・広小路・東陽町・桜町・豊田町・南桜町
昭和四十六年（一九七一）	肴町・銀座・寺横町・新栄町・広小路五組・司町・広小路・東陽町・桜町・豊田町・南桜町
昭和四十八年（一九七三）	銀座・寺横町・新栄町・広小路五組・司町・広小路・東陽町・桜町・豊田町・南桜町
平成二十六年（二〇一四）	銀座・寺横町・新栄町・広小路五組・司町・広小路・東陽町・桜町・豊田町・南桜町

新町：寛政９年（1797）中町から分れて祭礼を行う。町の誕生は不明。
市原町：嘉永７年（1854）本町から分れて祭礼を行う。町の誕生は不明。
末町：昭和６年（1931）末広町に改名。町の誕生は不明。
正木新道：嘉永元年（1848）肴町から分れて祭礼を行う。明治９年（1876）正木町に改名。
広小路五組：元中根町の一部が編入。
広小路：広小路一・二・三・四組を統合。

◉ 山車囃子

（曲　名）
太神楽《だいかぐら》・十日戎《とおかえびす》・竹雀《たけす》・月夜車《つきよぐるま》・楽屋囃子《がくやばやし》・六法《ろっぽう》・都下《みやこさ》がり・
衣裳付《いしょうづけ》・高砂丹前《たかさごたんぜん》・梵天《ぼんてん》くずし・車切《しゃぎり》・安宅《あたか》

太神楽…祭礼蔵から出発の時、道のりで奏でる。

十日戎…神社から帰る道のりで奏でる。

歌詞一、十日戎の売り物は　菓子袋にとり鉢　銭かます小判に楯箱《たてばこ》　楯烏帽子《たてえぼし》上げますさえ槌《つち》　束ね熨斗《のし》　笹を担いで　千鳥足

二、手拍子揃えて　華やかに　舞の手に閉め出す　締太鼓　誰しも見に行く花の山　ちらぁと見染めし幕の内　あの花担いで　千鳥足

竹　雀…神社で奉納が終わって帰り道で奏でる。

歌詞一、竹に雀は　しなよく止まる　のーえ　止めて止まらぬ　いろの道　それもそうじゃ　そうじゃ止めて止まらぬ　いろの道

二、雀百まで　わしゃ九十九まで　共に白髪の生えるまで　それもそうじゃ　そうじゃ　共に白髪の生えるまで

月夜車…夜になってから奏でる。

楽屋囃子…廻りがだらけている時に景気づけたり、山車との間隔があいた時に奏でる。

六　法…神社で奉納と道のりで奏でる。

都下がり…正木町が他町にない曲を作る目的で、十日戎を元に戦後編曲されたもの。

衣裳付…神社で奉納する時に奏でる。

高砂丹前…神社で奉納する時と道中で奏でる。

車　切…山車を方向転換する時に、梶棒連と呼吸を合わせて奏でる。

安　宅…神社で奉納する時と道中で奏でる。

楽　器…篠笛《しのぶえ》・能管《のうかん》（車切用）・大太鼓《おおどう》・締太鼓《しめだいこ》・大鼓《おおかわ》・小鼓《つづみ》・三味線《しゃみせん》

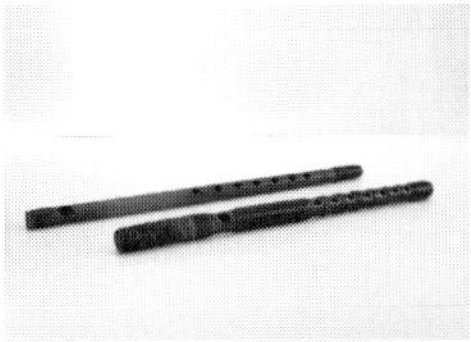
篠笛・能管

大鼓

大太鼓

小鼓

締太鼓

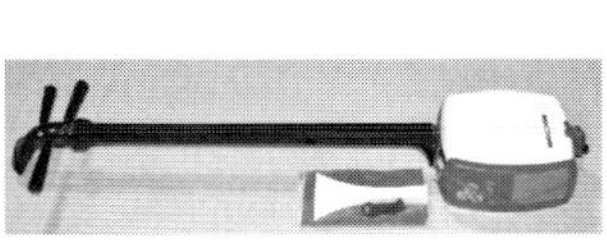
三味線

太神楽

大太鼓、締太鼓の●は右手○は左手

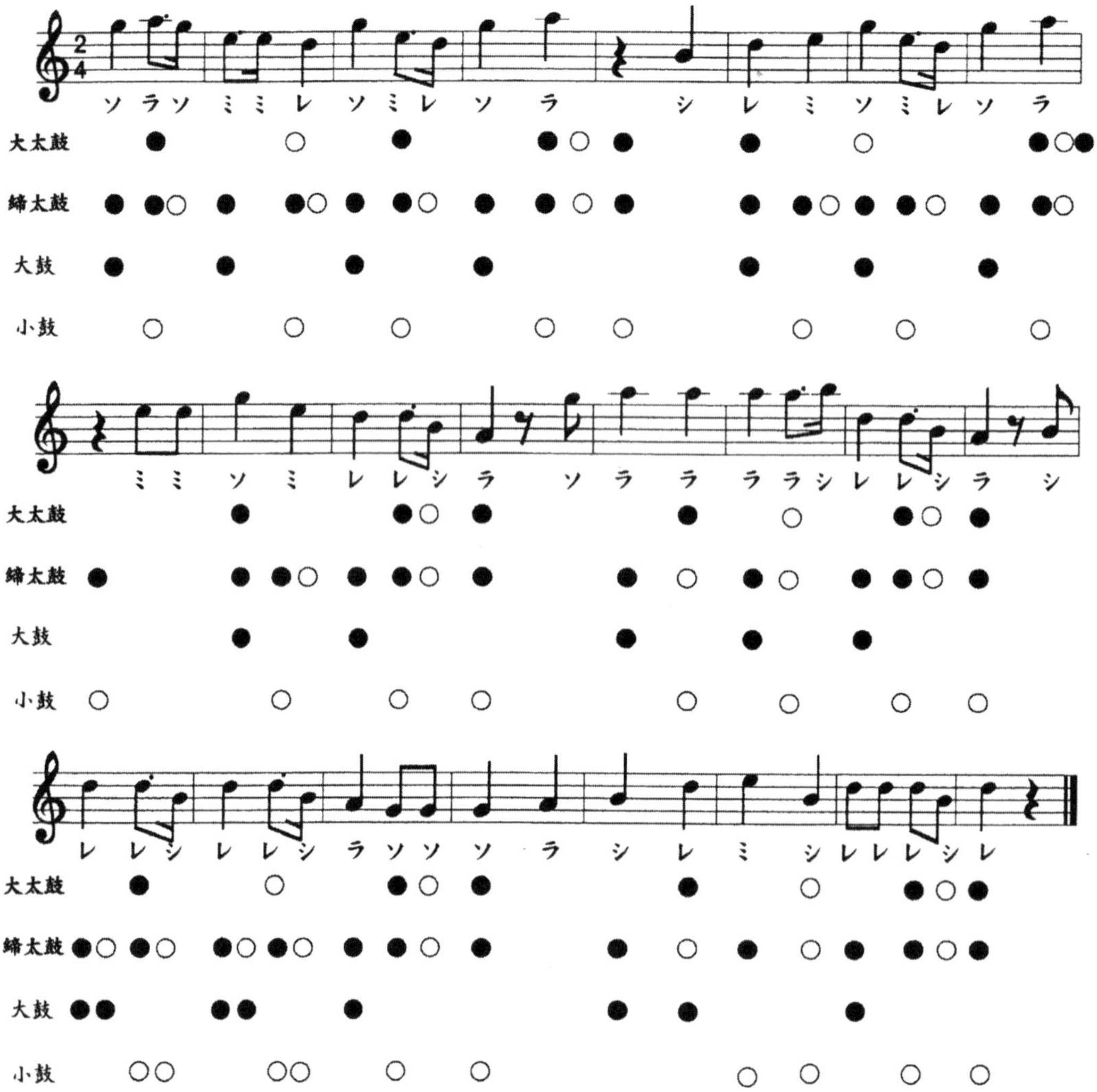

十 日 戎

締太鼓の●は右手○は左手

×：バチを揃える
∧：バチを担ぐ

月　夜　車

締太鼓の●は右手○は左手

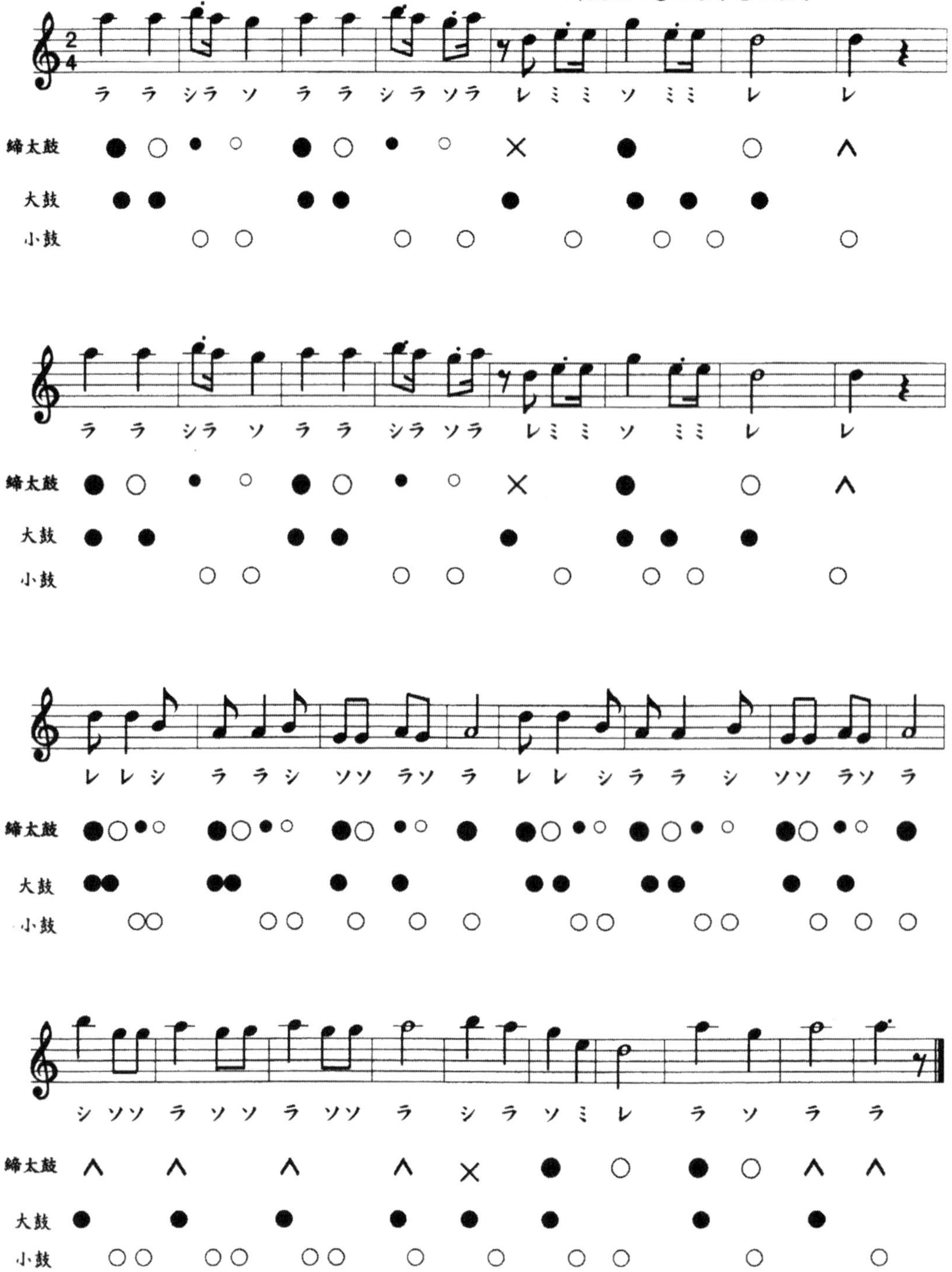

×：バチを揃える
∧：バチを担ぐ

二、安土桃山時代

市原稲荷神社は、三十六代孝徳天皇白雉《はくち》四年（六五三）亀狭山《かめさやま》（現在の亀城公園）に社殿を創立したのが始まりと伝えられている。後柏原《ごかしばら》天皇永正年中（一五〇〇年代）、水野忠政は刈谷城を築城するのに社殿を市原の地に移し、宝剣神馬《しんめ》等を奉り武運隆昌《りゅうしょう》を祈った。

水野信元が刈谷城主の時、市原稲荷大明神の祭礼が天正元年（一五七三）四月朔日から始まり、午前六時に町口御門に鉄砲十挺・玉箱一人・弓十挺・矢箱一人・御長槍十人、御城内大手御門前御座敷で、町口御番所御物頭・町御奉行・町奉行下役・徒目付《かち》の立ち合いで御城主が出席祭祀を行う。

四月二日本祭は、町口御門に午前六時集合本町の獅子行列を先頭に、神輿をお迎えに市原稲荷大明神まで行き、神輿渡御（現在の神幸祭）が御城内から刈谷町中を御巡行し、末町《すそまち》秋葉境内（現在の秋葉社）で休息をする形態をとり市原稲荷大明神に御帰還される。

●天正元年（一五七三）
御輿行列始まる

百〇六代正親町《おおぎまち》天皇御宇《ぎょう》天正元　癸酉年《みずのととり》（一五七三）、水野下野守《しもつけのかみ》信元《のぶもと》（一五四三～一五八〇）苅屋亀城再々築地城主なり。

同年氏神市原稲荷大明神東西二十二間余り南北九十間余り、別社龍王宮・御鍬《おくわ》社・弁財天・春日社・猿田彦尊天・山ノ神・神明宮、右氏神御祭日四月朔日、御城内大手御門前御座敷に掛り御城主御出席相成り。町口御番所御物頭・町御奉行・町奉行下役・徒目付《かち》立会出席、警衛鉄砲十挺玉箱・弓十挺矢箱・御長鎗十本。

同二日本祭、殿様御名代として御家老参拝御代参して、御用人御神酒《おみき》赤飯持参して御参拝致され候。御輿舁《みこしかき》人足は、苅屋町二人・本苅屋村九人・熊村六人・高津波村八人四ヶ村へ割合にて、寺社奉行より高目二貫五百文賃銭御下《おんくだ》し渡し相成り候。鉄砲弓二十人御先手組出勤、玉箱矢箱人足二人・御長鎗十人大部屋人足脇指《わきざし》差し平人足共、御台所御中間目付より一人に付き、六十四文宛《づつ》御下し渡し候事。朔日二日両日同様尤も朝六ッ時（午前六時）町口出勤候事。

四月二日市原稲荷大明神御輿行列の事。朝六ッ時（午前六時）前に町口御門下、本町獅子にて神前御向かい持居候。六ッ時打ち限り御門開き大手門より桜馬場市原御門通り抜け御向い着、同時に御名代御家老衆御代参して御用人衆参拝済、一流《ひとなが》れ御神酒す戴《いただき》終りて、御先供苅屋町字本町獅子、当町組頭二人・本苅屋村組頭二人・当町高馬一疋《ぴき》・本苅屋村引馬一疋・町同心寺社同心一役二人づつ・寺社手代一人・剣ほこ二本づつ・榊一本・幟六本・太鼓子《たいこし》二・すり金一人・御宝刀三人・御幣一人・御輿神主小嶋式部別当所金胎寺《こんたいじ》御領主より御神馬《しんめ》一疋、跡御警衛鉄砲十人・弓十人・玉箱矢箱二人・長鎗十人、尤跡警衛は市原口御門外縄手付、市原口御門より桜馬場御手御門通り抜け金ヶ小路、緒川町口御番所前に御輿御休息所迄、御領主水野下野守信元様長上下《かみしも》御乗馬御参拝相成り。御神酒御盃《ぎょはい》御座候て、御退出相成り。夫れより苅屋町中御巡幸相成り。末町《すそまち》秋葉境内於いて御休息有り。其の後苅屋町御巡幸相成り。市原社内御帰還相成り候事。

「刈谷町地暦更記」

御幸…天子が他へお出かけになる事。

◉慶長三年（一五九八）水野勝成四月朔日祭祀を行う

市原神社鎮座記

百〇七代後陽成《ごようぜい》天皇慶長三 戊 戌《つちのえいぬ》年中、水野勝成良田数頃《りょうでんすうけい》を献《たてまつ》る、専《もっぱ》ら威徳《いとく》を敬信《けいしん》し、恒に仲呂《ちゅうろ》巳《み》朔《ついたち》の日を以て祭祀《さいし》を行う。醴餅《あまざけもち》時物の美を備へ、神官清衣《せいい》を着し階前に参進《さんしん》す。幣帛《へいはく》を擎《ささ》げ祝文《しゅくぶん》を奏《かな》でる。神人美服を着《ちゃく》し、鼓を鳴らし笛を吹き、舞姫袖《ひるがえ》を翻し神楽の歌を唱《とな》える、小童頭花《しょうどうとうか》を挿《さ》し前庭に於いて踏舞《とうぶ》す。神輿《みこし》を導き郊外に出る、頓宮《とんぐう》を御《ぎょ》す、是に除災《じょさい》を謂《い》う。是の時に至り、則貴賤《すなわちきせん》無く居《お》る、民《たみ》に華《か》えい無し、長幼《ちょうよう》共に来たり皆御幸《ぎょこう》の路頭《ろとう》に敬拝《けいはい》す焉。

『刈谷町誌』

水野勝成…日向守、刈谷城主慶長五年（一六〇〇）七月二十五日～元和元年（一六一五）七月二十一日。頃…中国で用いられた土地面積の単位。一頃は約六ヘクタール。威徳…人を畏服《いふく》させる威厳《いげん》と人を心服させる徳。巳…午前十時。仲呂…陰暦四月の異称。幣帛…神に奉献する物の総称。小童…年少者。踏舞…足拍子をとって舞を舞う事。頓宮…仮の宮。貴賤…身分の高い人と低い人。

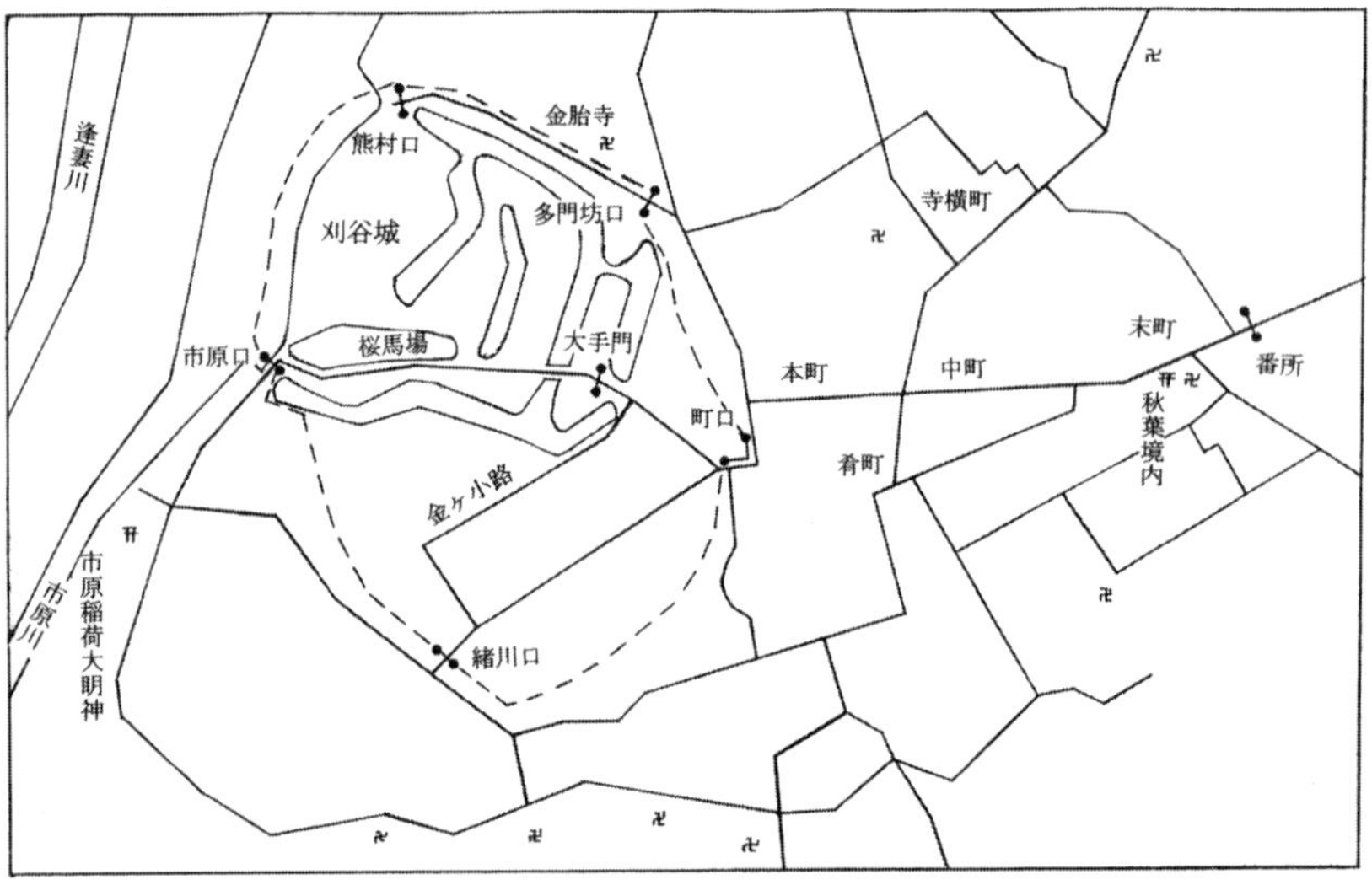

刈谷城付近略図（1600年代）

獅子頭
慶長３年水野勝成が市原稲荷大明神に寄進されたと伝えられている。本町・中町・末町が獅子行列に使用した。
刈谷市郷土資料館所蔵

三、江戸時代

この時代から祭礼の形態が徐々に整い、貞享四年（一六八七）に本町から花車（山車）が出来て、獅子を本町から中町に譲る。

中町獅子↑神輿↑本町花車　宝永二年（一七〇五）に肴町の花車が出来る。今まで毎年行っていた祭礼は、宝永四年（一七〇七）十月四日に宝永地震により刈谷周辺も多大なる被害を受ける。『刈谷町の今昔』に「因《ちな》みに此の祭典は隣町知立町でも行われて居るが、往年いつの頃か不明であるが両三年農作物の不況があって農民が疲弊《ひへい》困苦《こんく》したので、時の藩公がこれを痛く憂慮《ゆうりょ》せられて刈谷町と知立とは隔年に祭典を行わしめ其の経費を軽減せしめられたと言う。」と記載、この事などで宝永五年（一七〇八）から市原稲荷大明神御祭礼の儀を、刈谷と知立の本祭を一年置きに交互に行う様になる。

本多忠良が宝永七年（一七一〇）より刈谷城主になり、正徳二年（一七一二）四月朔日・二日の祭礼は、本町・肴町・中町から花車、獅子は中町から末町に譲り、寺横町から始めて奴が加わって神輿の警護を行う。末町獅子↑神輿↑寺横町奴↑本町花車↑中町花車↑肴町花車

四月三日は、知立明神様に末町と寺横町から神輿の警固で出向いている。知立に出向くのは、市原稲荷大明神・知立大明神・野田八幡宮と共に領内三社として尊崇《そんすう》した関係である。

安永六年（一七七七）は年がら悪しくため、糸絡繰《いとからく》りばかりで前踊りは止める。新町は家数増え中町と分れて花車を出す。これで花車は、本町・中町・肴町・新町の四台となり、祭礼順はこの順番で行う。

天保十一年（一八四〇）六月二十九日に、正木新道は家数が増え肴町から分れて新しく町が出来、嘉永二年（一八四九）神馬を差し出し、嘉永四年（一八五一）には囃子台・手踊りで勤める。

山車の糸絡繰りと前踊りは、毎年各町思考して出し物を変えていた。囃子方は熱田・鳴海・知立などから雇う。大名行列で「出来守」の名前が出てくるのは、弘化三年（一八四六）の『刈谷町庄屋留帳』にあり、それ以前には記載がない。

各種の始まり

年代	獅子	神輿	花車（山車）	大名行列
天正元年 一五七三	本町	○	—	—
貞享四年 一六八七	中町	○	本町	—
元禄十四年 一七〇一	中町	○	本町・末町	—
宝永二年 一七〇五	中町	○	本町・末町・肴町	—
正徳二年 一七一二	末町	○	本町・中町・肴町	寺横町

◉寛永二年（一六二五）

祭祀に弓箭《きゅうせん》・砲筒・長槍を出す

市原神社鎮座記

一〇八代後水尾《ごみずのお》天皇寛永二乙丑《きのとうし》年中、輦《れん》を尚《つかさ》どり奉御《ほうぎょ》し、源定房《みなもとのさだふさ》（松平定房）弓箭・砲筒・長槍を出し以て祭祀の威儀を助け、亦俵《またひょう》粮《りょう》銭貨《せんか》を出し以て享薦《きょうせん》の費用を給す、累代鎮護《ちんご》城内隷民安寧《れいみんあんねい》を仰ぐ矣。

『刈谷町誌』

輦…神の乗り物。俵粮…食料。安寧…世の中が穏やかで平和な事。
矣…文末に置かれ、訓読では読まない。

◉貞享四年（一六八七）

本町の花車が出来る

稲垣対馬守重富の御代貞享四丁卯《ひのとう》年四月市原神社の祭礼花車替古の獅子本町相勤めたく儀願い出候に付き、花車諸色《しょしき》左の通り

覚え

一、台輪　四本　長さ　弐間　末口　六寸
一、梶木　弐本　長さ　弐間　末口　三寸
一、柱木　八本　長さ　壱尺　末口　四寸
一、大袮だ　三本　長さ　弐間　末口　三寸

〆十七本

右の通り車入用に付き願い上げ奉り候、宜しく仰せ付けられ下されべき候。以上

貞享四年三月十五日　本町祭若い者

御役人中

祭礼に付き此《かく》の如《ごと》く右願い出申し候、急ぎ相叶《あいかな》い候様御願下され候。存じ奉るべく候。以上

三月　日　苅谷町庄屋
坂右衛門
平　蔵

御普請奉行様

「刈谷町地暦更記」

獅子を本町から中町へ

貞享四丁卯《ひのとう》年稲垣対馬守重富の代、本町花車初る、中町分けて獅子初る候事。

「市原神社由来記」

◉宝永五年（一七〇八）
本祭を一年置きに行う

恐《おそ》れ乍《なが》ら申《もう》し上《あ》げ奉《たてまつ》り口上《こうじょう》の書《しょ》

市原稲荷大明神御祭礼の儀、宝永五子《ね》年相初め一ヶ年置きに相勤
め来り申し候。

『刈谷町庄屋留帳第五巻』

町口御門　現在の銀座５丁目　　澤梅谷画　澤俊明所蔵

◉正徳二年（一七一二）
寺横町大名警固

本町車

一、安達原

那知の東光坊《とうこうぼう》阿闍梨《あじゃり》祐慶《ゆうけい》廻国《かいこく》行脚《あんぎゃ》

付り　熊野大権現

まへおとり

一、丹前おとり　人形　二ッ立

同

一、唐人おとり　同しく

付り　獅子

中・末町

一、新十二段

まへおとり

一、弥野之助鑓《やり》おとり

同

一、女おとり

肴町車

一、いろは物語

弘法大師獅子ノ乱きよく入唐い文珠《もんじゅ》ノ力

付り　三さう法師ひみつノ文字

まへおとり

一、女笠おとり　人形　三ッ立
付り　かごつくし
同
一、やつこおとり　人形　二ッ立
付り　やりの手
右の通りに御座候。以上
三月廿五日
寺横町
けいご
一、大めう
『刈谷町庄屋留帳第二十巻』

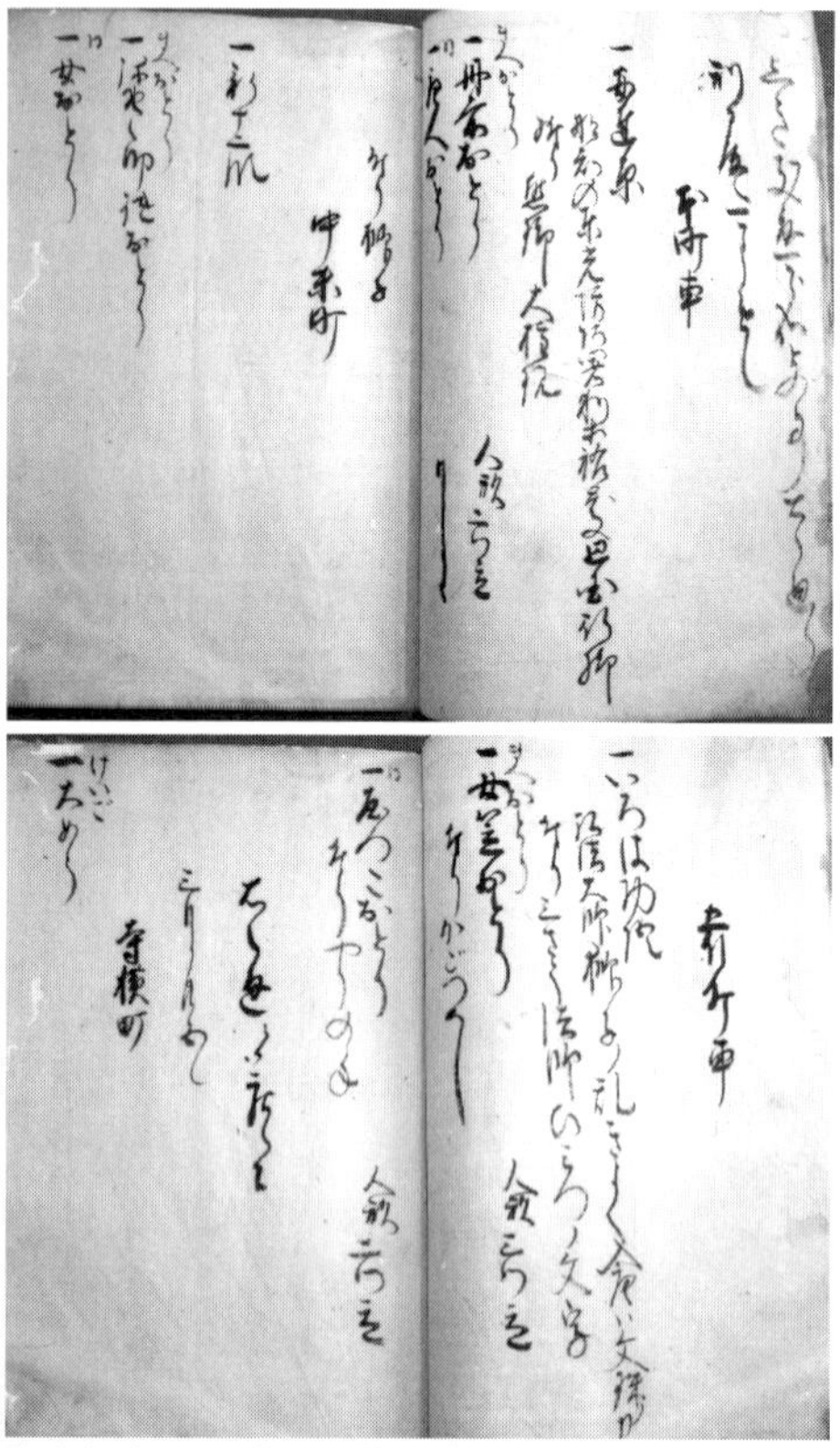
「辰之歳日記」　正徳２年　本町車・中末町・肴町車・寺横町　刈谷市中央図書館所蔵

◉正徳二年（一七一二）肴町花車が八年前にある

一、台木四本　内　弐本長壱丈
弐本長七尺
一、真木弐本　樫《かし》　末口七寸位
長八尺弐本
一、高欄替木　檜《ひのき》　長弐間
八寸角壱本
一、二重山同　ひば類　長弐間
つか類　七寸角壱本

是は八年以前に下し置かれ候処、損し当年用いず申され候。
右の通り、殿様より下し置かれ候様に宜しく仰せ上げられ下さるべく候。以上
辰《たつ》二月　肴町祭礼連中
年番　孫右衛門印
太左衛門殿
庄三郎殿
『刈谷町庄屋留帳第二十巻』

※是は正徳二年（一七一二）の資料ですが、「是ハ八年以前」から宝永二年（一七〇五）に肴町の花車が出来る。

御輿昇《みこしかき》人足四ヶ村割合

正徳二壬辰《みずのえたつ》年四月御祭礼の節、猿田彦命面《みことのめん》本多中務大輔《ほんだなかつかさたいふ》御家臣多門傳十郎信秀作にて、同人より神前へ寄付致され候事。
右氏神御祭礼日は、四月一日御城内、同二日市原神社本祭の節は、御輿昇人足四ヶ村割合觸出《ふれだ》し、〆二十五人　二人苅屋町　九人元苅屋村　六人熊村　八人高津波村　寺社奉行より高目二貫五百文御下し渡し相成り。
四月朔日大部屋人足脇差し平人足共、御中間目付賃銭一人に付き六十四文づつ仰せられ候。水野日向守《ひゅうがのかみ》より、但先規御賜り相成り候事。

「刈谷町地暦更記」

◉享保十六年（一七三一）

御輿昇人足割合

市原御祭礼に付き、御こしかき御雇い人足割合

一、人足割合弐拾四人

内

一、御《み》こしかき白張《しらはり》三人　熊　村
一、右同断白張三人　高津波村
一、上下《かみしも》にて弐人　元刈谷村
一、御太刀《おたち》持上下にて壱人　同　村
一、御鉾《みほこ》持白張弐人　刈谷町
一、御榊持白張壱人　高津波村
一、御《み》はた持八人　三人　熊　村
三人　高津なミ
壱人　元かりや
壱人　刈谷町
太鼓かつぎ　四人　元刈谷村
とひやうし
〆廿四人
八人　元かりや
六人　熊　村
七人　高つなミ村
三人　町

『刈谷町庄屋留帳第一巻』

白張…糊をかたくつけた白布の装束。

◉享保二十年（一七三五）

本町・中町・肴町糸唐繰り

覚え

本町

一、前踊り　但　立花おとり
一、同　馬引踊り

一、糸からくり　俵三条図

中町

一、前踊り　女笠おとり

一、通　路　二福人碁《ご》打ち

一、糸からくり　粟　嶋

肴町

一、前踊り　おやま花踊り

一、同　若男鑓《やり》踊り

一、糸からくり　玉手浦

右の通り御座候、以上

閏《うるう》三月　大岡伝右衛門

太田平蔵

御奉行様

弐通認出す、川口安右衛門様迄

『刈谷町庄屋留帳第一巻』

◉元文四年（一七三九）

今年から神輿・警固共町中を廻る

覚え

一、御神輿・けいこ共に道筋、本町より寺横町・中町・末町・新町・裏町より南横町より本町へ出、下町・肴町通り中根へ御出候。

是は願書指し上げ相叶《かな》う、当未《ひつじ》歳より町中残らず御廻り遊ばされ候。

『刈谷町庄屋留帳第二巻』

◉延享五年（一七四八）

四月朔日・二日祭礼

御祭礼の事

四月朔日

一、末町　獅子

一、寺横町　大名ねり物

一、町子供　ねり物

一、町　神馬

一、元刈谷村　神馬

一、本町　車

一、中町　車

一、肴町　車

二日

一、寺横町　大名ねり物

一、刈谷町　子供ねり物

一、殿様　御神馬

一、町　神馬

一、元刈谷村　神馬

一、末町　　　　獅子
一、神輿　　小嶋和泉守
一、殿様御行列
一、本町　　車
一、中町　　車
一、肴町　　車

右の通り御座候。

四月二日

上御社参り相済み次第神輿渡御、先達て御迎へなして末町獅子町口御門より入り、市原口御門へ申し出候。神輿市原口御門より渡御、町口御門御旅所へ入《い》らせられ御供物等相済み、夫《それ》より外側渡御、中根通り御本社へ入らせられ候。

『刈谷町庄屋留帳第二巻』

◉宝暦四年（一七五四）

中町・肴町・本町囃子方を雇う

覚え

笛　熱田馬場丁　栗田代次郎
浄瑠璃　名古屋駿河町　伝　吉
同　所　幸　助
三味線　池鯉鮒山町　三　弥

右の通り御祭礼に付き、相雇い申し候。以上

戌《いぬ》三月廿八日　中町御祭礼宿　甚左衛門

寺田吉右衛門様

一、笛吹　肴町　壱人

右は尾州鳴海林蔵と申す者御座候。以上

三月廿八日　御祭礼所

中町
一、前踊り弐番　はるこま・しゃっきょう
一、からくり　姫捨松

本町
一、前踊り弐番　にしきちょぼくれ・ふみの中こま
一、からくり　橋弁慶

肴町
一、前踊り弐番　班女《はんじょ》おとり・福人踊り
一、からくり　大嶺桜

本町
一、浄瑠璃　岡崎板屋町　喜兵衛
一、笛ふき　尾州熱田　栗田室衛
一、三味せん　同　阿野村　沢　都
一、同　吉原村　仙　哥

右の通り御祭礼に相やとい申し候。

三月廿八日　地下迄

『刈谷町庄屋留帳第二巻』

●明和九年（一七七二）
人無く大名警固の替りに獅子

恐《おそ》れ乍《なが》ら願い奉り口上の覚え

一、当御祭礼の儀、数年大名けいこ（警固）相勤め来り候え共、近年町内至って人無き殊《こと》に一同困窮《こんきゅう》仕り候えば、大名けいこ相休み申したく存じ奉り候。これ依り当御祭礼の儀、獅子壱頭差し出し相勤め申したく存じ奉り候。何卒《なにとぞ》願いの通り仰せ付けなされ下し置かれ候様願い上げ奉り候。猶《なお》又以後人数多くにも罷《まか》り成り候節は、大名けいこ前々の通り相勤め仕りべく候間、右の段宜しく様仰せ上げなされ下さるべく候様願い上げ奉り候。

以上

辰《たつ》三月廿一日　寺横町　惣若者中

両　人

右の通り願い出し候間申し上げ候、右願いの通り仰せ付けなされ下し置かれ候様願い上げ奉り候。以上

三　月　町庄屋　木戸孫右衛門

同　小久江太左衛門

御奉行様

『刈谷町庄屋留帳第四巻』

●安永六年（一七七七）
前踊り止め、糸絡繰りだけ

恐れ乍ら願い奉り口上の覚え

一、御祭礼の儀近年子供踊り仕り候処、甚《はなは》だ物入り多く借金増長《ぞうちょう》仕り候処、年柄悪敷《あし》く御座候えば、右借金等仕り方も無く御座候えば、今年の儀は先規の通り糸からくり斗《ばか》り仕り、前踊り相止め御祭礼相勤め候様仕りたく存じ奉り候。右の趣《おもむき》宜しく仰せ上げられ下さるべき候。以上

三月六日　三車町中

両人え

『刈谷町庄屋留帳第四巻』

●天明七年（一七八七）
凶年に付き祭礼八月に延期

恐れ乍ら御願い奉り候口上の覚え

一、凶年に付き、町内殊《こと》の外《ほか》難儀仕り候。これに依り御祭礼の儀は当八月迄何卒《なにとぞ》御延し遊ばされ下され候様に、御願い申し上げ候。、以上

未《ひつじ》二月　日　末町組

毛受平助殿

太田平右衛門殿

『刈谷町庄屋留帳第五巻』

◉寛政九年（一七九七）
新町家数増え中町と分れて花車を出す

恐れ乍ら願い奉り口上の覚え

一、当町祭礼前々の儀、家数並に人少に付き、中町へ相頼み右町組合にて、是迄数年相勤め来たり候処、追々家数等も相増し候に付き、別段に祭礼相勤め申したく由《よし》、中町組へ熟談に及び候所、納得仕り候に付き、今年よりは別段に祭礼相勤め申したくと存じ奉り候。右の願いの通り相叶《かな》い候は、今年の儀は花車・子供警固差し出し相勤め申したく存じ奉り候。尤も故障の儀毛頭《もうとう》無く御座候に付き、右の段願い上げ奉り候。苦しからず思召《おぼしめ》し候は宜しく御執成《とりなし》の程願い上げ奉り候。以上

巳《み》三月　　新町
　　中町

大岡伝右衛門殿
木戸孫右衛門殿

右の通り願い出候に付き申し上げ候。　両人

御奉行様

三月十一日に右願いの通り仰せ付けられ候。

『刈谷町庄屋留帳第六巻』

◉寛政十一年（一七九九）
遊芸・歌舞伎・浄瑠璃・踊り・芝居を禁止

松平伊豆守殿御渡し候御書き付け写し

在々において神事祭礼の節、或は作物虫送り風祭などと名付け、芝居見物同様事を催し、衣裳道具等をも拵《こしら》え見物人を集め、金銭を費《つい》やし候儀これ有る由《よし》相聞き、不埓《ふらち》成る事に候。右様の儀企《くわだ》て渡世《とせい》にいたすものは勿論《もちろん》、其の外にも風儀あしき旅商人、或は河原者など決して村々へ立ち入らせ申す間敷く候。遊興惰弱《ゆうきょうだじゃく》よからぬ事を見習い、自然と耕作にも怠《おこた》り候よりして荒地多く困窮《こんきゅう》に至り、終《つい》に其の果《は》ては離散の基にも成り候事に候。右の次第を能《よ》く弁《わきま》え候様に相心懸《が》け候。これに依り自今《じこん》以後遊芸・歌舞伎・浄瑠璃・踊りの類惣《たぐいすべ》て芝居同様の人集め、堅く制禁たるべく候。今度《このたび》右の通り相触れ候上にも、若《も》し相止めざるにおいては用捨《ようしゃ》無く急度咎《きっととが》めこれ有るべき者也。右の趣《おもむき》御料は御代官並びに其の所の奉行御預り所、私領《しりょう》は領主・地頭・寺社領共に洩れざる様相触れ油断無く吟味《ぎんみ》せしめ、小給所の分は最寄御代官より常々心付け候様に致すべく候。

未《ひつじ》六月

右の通り相触れらるべく候。

『刈谷町庄屋留帳第七巻』

◉文化六年（一八〇九）

本町・中町・肴町・新町の出し物

恐れ乍ら口上の覚え

一、山荘　糸唐繰り　祇園祭礼記
一、前踊り　歌三番叟《そう》
白石　噺《ばなし》
尾州熱田　笛吹き　栗田勝治
当国江原村振り付け　藤左衛門
同　土場村浄瑠璃　清　蔵
同　友国村三味線　儀　作

本　町

一、山荘　糸からくり　天神記恵ノ松
一、前踊り　盛衰記《せいすいき》四段目　鏡ノ段
忠臣講釈八段
一、ふり付け　尾州名古屋　籠屋九兵衛
一、浄瑠璃　同　鳴海宿　治　吉
一、三味線　若　庄
一、笛吹き　同　宮　長岡数大夫

中　町

一、山荘　糸からくり　矢作合戦
一、前踊り　姫小松子日の遊　三段目ノ切
道成寺現在蛇鱗《へびうろこ》　夢の段
一、浄瑠璃並び三味線　当国池端村　里　仙
一、振り付け　尾州本地村　助　十
一、笛吹き　同　熱田　栗田元彦

肴　町

一、山荘　糸からくり　三略巻橋弁慶
一、前踊り　歌万歳
風俗太平記　円心館の段
一、振り付け並び浄瑠璃　三味線　尾州山崎村　嘉右衛門
一、笛吹き　同　宮　大原慶治

新　町

右の通り申し出候に付き、御届け申し上げ奉り候。以上
巳《み》ノ三月廿三日上る　町庄屋　権四郎
御奉行様

『刈谷町庄屋留帳第八巻』

町引きの順

御奉行様より仰せ付けられ候。連順
始り本町　二、中町　三、末町　四、寺横町　五、肴町　六、新町
右新町始りに引き込み置き、東町はずれに並び置き、獅子は小路より出し、寺横町は車二りょう前へ道具送り置く、本文の通り勤め行く。御見分八ッ時（午後二時）に通り候。夫《それ》より町組衆壱人・町役

人壱人づつ、壱町々車付き候様仰せ付けられ候。日の入り前に町引き相済み申し候。

『刈谷町庄屋留帳第八巻』

糸絡繰《いとからく》りは御神輿還御後に

恐れ乍ら願い上げ奉り候口上の覚え

一、当御祭礼明後二日、市原御神前御神事、是迄御神輿還御《おみこしかんぎょ》並び警固相済み候てより、車狂言相勤め来り候処、御社内至って淋敷《さびし》く相成り候に付き、今年より御神輿還御前狂言計《ばか》り、糸からくりの儀は御神輿還御並び、警固相済み候後に相勤め申したくと存じ奉り候。尤も相勤め候半に御神輿並びに警固着き仕り候えば狂言相止め、御神輿差し支え無く御座候様に仕るべく候間、此段御願い成され下さるべく候。以上

三月廿九日

本町代　磯右衛門印
中町代　治兵衛印
寺横町代　善左衛門印
末町代　権右衛門印
肴町　定右衛門印
新町　長兵衛印

権四郎殿

『刈谷町庄屋留帳第八巻』

三月二十八日御内見・三月晦日御見分

上々天気

一、三月廿八日御内見の節、昼御茶付け・平・見合い香の物付き、町小頭壱人・同心弐人・御中間目付壱人・地下役人四人・状夫《じょうふ》三人　〆十一人支配致す事。

一、御内見着帳の覚え　新町・中町・寺横町・肴町・末町・本町

一、三月晦日晴天にて、御奉行様御見分相済み申し候。御出役人数御上御壱人・御同心衆五人・御中間目付弐人・御供弐人、〆十人

一、外に立切人足弐人、元刈谷にて相頼み申し候。

『刈谷町庄屋留帳第八巻』

四月朔日御城内御祭礼・二日市原御祭礼

上天き　四月朔日

御城内車付け　始り朝正五ッ過ぎ（午前八時）より

本町へ
村松治郎兵衛
日高和平
御中間目付

中町へ
鲈　与平
林　仁平
鈴木染右衛門

宮本善左衛門　　　　杉浦儀平
肴町へ　市川察右衛門　　新町へ　重野亀右衛門
杉浦重右衛門　　　　石川権吉
鈴木染右衛門　　　　杉浦重右衛門
重野亀右衛門　　　　市川察右衛門

御祭礼相済み御城より車引き出夜四ッ時（午後十時）

上天き　四月二日

市原

本町　杉浦儀平　　　　中町　村松治郎兵衛
大沢政右衛門　　　　日高和平
重野亀右衛門　　　　石川権吉

肴町　鮘　与平　　　　新町　宮本善左衛門
林　仁平　　　　鈴木七郎兵衛
御中間目付　　　　村井久左衛門

御祭礼相済みこの刻《とき》限り、但し夜八ッ半頃（午後三時）相済み

御輿様御供　権四郎　両人致し候。
孫左衛門

上天気近年になき大賑い

『刈谷町庄屋留帳第八巻』

四月三日知立明神様へ

一、四月二日朝地下方にて、町方御同心・御役人・御中間目付弐人・殼取衆弐人御出役の衆中へ、茶つにて赤食・にしめ添え酒と肴は色付き壱鉢是にて差し上げ、昼市原にて是も赤食・にしめ、酒肴《しゅこう》は見合色付き弐鉢也。

一、四月三日知立明神様へ御初穂弐百文　但し杉原に包み白へきにて殿様御神馬壱疋地方御手代壱人・御中間目付壱人、御神馬壱疋地方より出す町御同心壱人付、宮本善左衛門先払い・跡押え・口取〆六人末町より弐人・寺横町より弐人若者出す、状夫壱人口取奴へ小遣銭五拾文づつ、〆弐人知立宿にて酒肴入用の事。尤も酒三升持参、肴は知立にて調え候事、朝出立《しゅったつ》、酒壱升肴はやっこ豆腐にて一統《いっとう》へ残らず出す事。

『刈谷町庄屋留帳第八巻』

◉文化十二年（一八一五）

新町車修理の為花芝居を願い出る

恐れ乍ら願い奉り口上の覚え

一、当町御祭礼車何か道具なしに付き、修覆助成の為当月末方より晴天十日の間市原において、花芝居仕りたく候に付き、恐れ乍ら願い上げ奉り候。右の段宜しく御願上げ下されべく候。以上

文化十弐亥《い》十月八日　新町

両御役所

町代　市平

『刈谷町庄屋留帳第九巻』

◉ 文政四年（一八二一）
御城内御祭礼順

恐れ乍ら口上の覚え

御城内御祭礼順

本町

一、糸からくり　信仰記《しんこうき》
一、前人形　鎌倉三代記八段目
一、同　日本賢《かしこ》女鑑《かがみ》六ッ目

中町

一、糸からくり　天神記恵松
一、前人形　彦山権現七段目
一、同　絵本太功記十段目
一、獅子警固　末町
一、奴行列　寺横町
一、御神馬　刈谷町
一、同　元刈谷村

肴町

一、糸からくり　矢作合戦
一、前人形　比良御陣雪升形七段目
一、同　娘道成寺

新町

一、糸からくり　三略之巻
一、前人形　歌万歳
一、同　彦山権現《ごんげん》九ッ目

右の通りに御座候間申上げ奉り候。以上

巳《み》三月　町庄屋　竹本升右衛門

御奉行所

『刈谷町庄屋留帳第十巻』

◉ 文政五年（一八二二）
陰祭神楽を奉納

恐れ乍ら口上の覚え

一、市原に於いて神前、明二日例年の通り神楽相勤め申し候間、此の段御届け申し上げ奉り候。以上

午《うま》四月朔日　町庄屋　岡本権四郎

三御役所

『刈谷町庄屋留帳第十巻』

◉文政十年（一八二七）本町・中町・肴町・新町の出し物

恐れ乍ら口上の覚え

本町

一、糸からくり　信仰記《しんこうき》
一、前人形　義経千本桜道行
一、同　彦山須間の段六ツ目
一、振り付け　名古屋　庄　七
一、浄瑠璃　宮宿　喜代太夫
一、三味線　小垣江村　伊兵衛
一、笛吹き　宮宿　野沢平馬太夫

中町

一、糸からくり　天神記恵松
一、前人形　平かな盛衰記《せいすいき》四段目
一、同　本朝廿四孝《ほんちょうにじゅうしこう》三段目
一、振り付け　大野　大　蔵
一、浄瑠璃　宮宿　光太夫
一、三味線　吉良　松　江
一、笛吹き　宮宿　長岡数太夫

肴町

一、糸からくり　太平記矢作合戦
一、前人形　時勢四季寿舞の段
一、同　花上誉《ほまれ》旧跡五ツ目
一、振り付け　横根村　宇　平
一、浄瑠璃　岡崎宿　芳太夫
一、三味線　同　仙　吉
一、笛吹き　宮宿　栗田大進

新町

一、糸からくり　三略巻
一、前人形　日吉丸稚桜《わかざくら》四ツ目
一、同　祇園祭礼信仰記《しんこうき》　三ツ目
一、振り付け　大野村　治郎吉
一、浄瑠璃　同　人
一、三味線　大野村　大　治
一、笛吹き　宮宿　大原種太夫

右の通り御座候間、御届け申し上げ奉り候。以上

亥《い》三月　町庄屋　竹本升右衛門

御奉行所

『刈谷町庄屋留帳第十巻』

◉文政十二年（一八二九）

内見順今年よ鬮《くじ》引き

小三月廿八日内見順の覚え

当年より相談の上鬮に相成り

壱番　中町　　四番　末町
弐番　新町　　五番　本町
三番　寺横町　六番　肴町

御上様より御酒料

一、金五百疋　本町・中町・肴町・新町
右、御上様御酒料
一、金二百疋　寺横町・末町
右同断

四月三日

町代衆へ割り渡す

『刈谷町庄屋留帳第十一巻』

◉天保八年（一八三七）

米不作に付き祭礼縮小

恐れ乍ら願い上げ奉り口上の覚え

当町市原社御祭礼の儀、勤め年に相当たり候所、当年の儀は去る秋不作に付き、米穀直段《ねだん》格外高値に相成り、稀《まれ》成る年柄にて町々一統《いっとう》甚《はなは》だ難渋《なんじゅう》仕り候に付き、市原神主小嶋駿河殿相頼み、伺い奉り御神慮《しんりょ》の所、別紙の通りの御鬮御座候間省略仕り、享和元酉の年（一八〇一）の通り、神前に於いて神楽相勤め、並びに御神輿渡御、先払いとして獅子一頭差し出し、御祭礼相勤め置き、尤も麦作・秋作出来方も宜しく、米穀値段引下げ、相応の年柄にも相成り候はば、当秋に至り例年の通り、町々より車並び警固指し出し神祭り仕りたく旨《むね》、町々一統熟談仕り候間、右願いの通り、仰せ付けなされ下し置かれ候様願い上げ奉り候。此の段宜しく御執《と》り成し下さるべき候。

以上

天保八丁酉《ひのととり》年三月

中町　百姓代　儀　平
末町　同　八兵衛
肴町　同　助　七
本町　同　惣左衛門
寺横町　同　与兵衛
新町　同　市　平

浜嶋太兵衛殿
正木庄三郎殿

前書きの通り、町々より一統熟談の上、惣代共より願い出し候間、願いの通り仰せ付けなされ下し置かれ候様願い上げ奉り候。以上

組頭　重　助
同　竹本升七

御奉行所
宍戸弥助様御町奉行

庄屋　正木庄三郎
同　浜嶋太兵衛

『刈谷町庄屋留帳第十二巻』

池鯉鮒明神様参上を休祭

恐れ乍ら願い上げ奉り口上の覚え

市原御祭礼勤め年に御座候所、年柄の儀に付き、兼ねて願い上げ奉り候所、願いの通り仰せ付けなされ、小前《こまえ》一統《いっとう》有り難《がた》き仕合《しあわ》せに存じ奉り候。然《しか》る所、先例として当地下方よりも御神馬差し出し、来る四月三日池鯉鮒《ちりゅふ》明神様へ参上仕り候え共、前祭りの次第に御座候間、当年の儀は、享和元年酉年（一八〇一）の通り相休みたく存じ奉り候間、恐れ乍ら此の段願い上げ奉り候。以上

酉《とり》三月

町組頭　竹本升七
庄　屋　浜嶋太兵衛

御奉行所

『刈谷町庄屋留帳第十二巻』

◉天保十二年（一八四一）

大御所様薨御《こうぎょ》に付き祭礼延期

大御所様《おおごしょさま》（徳川家斉《いえなり》）薨御、御中陰《ごちゅういん》は明け候え共、これ迄の通り鳴物御停止に候間、其の旨相心得べき候。これにより追て沙汰《さた》に及び候迄は、神事祭礼等差し延べ申すべき候。右の趣《おもむき》小前の者共へ洩さず様申し渡すべく、尤も寺社院これ有る村々は、其の段申し通すべく、この触れ早々順達、留村より相返すべく候。以上

三月廿一日　三御役所

刈谷町庄屋・村々

『刈谷町庄屋留帳第十三巻』

八月朔日・二日祭礼

御公儀様穏便《おんびん》に付き差し延べ、八月朔日・二日

御祭礼宿

本町　七右衛門
中町　仁右衛門
肴町　新三郎
新町　惣兵衛
寺横町　七左衛門
末町　半六

『刈谷町庄屋留帳第十三巻』

◉弘化三年（一八四六）
各町の車飾り付け調べ

当所御祭礼車飾り付け有り来候諸品

本町

一、家台
　破風板《はふいた》黒塗
　屋根裏垂木《たるき》
　　其の外彫物金箔
　天井板金箔に黒組子《くみこ》
　柱黒塗
　　金物滅金《めっき》

一、高欄青貝
　さま彫物牡丹《ぼたん》金箔
　　獅子鈖
　惣て金物滅金
　餝紐緋《かざりひもあか》

一、前家台
　破風板黒塗
　屋根裏垂木金箔
　さま其の外彫物金箔
　柱青貝
　台板木地塗彫物
　登竜金箔
　金物滅金

一、大幕　猩々緋《しょうじょうひ》
一、二重幕　同断縫　翠簾《みどりすだれ》
一、跡幕　同断
一、幕〆　紫打紐
　　釣かぎ滅金
一、簾　へり猩々緋
　　縫《ぬい》金糸
一、唐繰り並前人形　錦天鵞絨《ビロード》縮緬《ちりめん》
　　衣裳　繻子《しゅす》絹の類
外に水引、前幕、吹抜け
右は縮緬《ちりめん》絞《しぼり》絹《きぬ》麻《あさ》の類にて年々切替え相用い候分

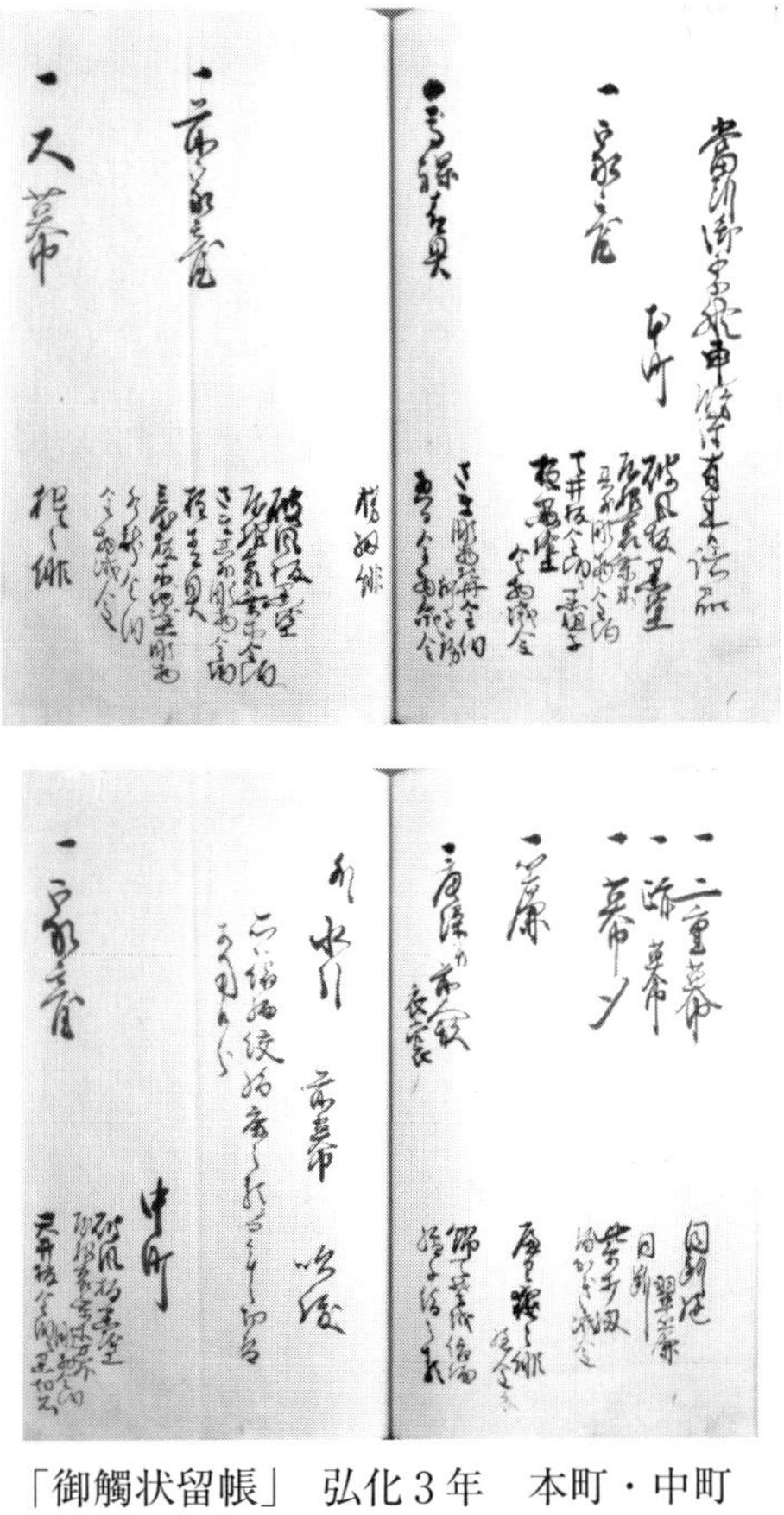

「御觸状留帳」　弘化３年　本町・中町
刈谷市中央図書館所蔵

中町

一、家台
- 破風板《はふいた》黒塗
- 屋根裏垂木《たるき》其の外彫物金箔
- 天井板金箔に黒切石
- 柱黒塗惣て金物滅金《めっき》

一、高欄黒塗
- さま浪金箔新鈖
- 惣て金物滅金
- 餝紐緋《かざりひもあか》

一、前家台
- 破風板梨子地《なしじ》
- 屋根裏垂木金箔
- さま彫物獅子鈖牡丹《ふんぼたん》金箔
- 柱梨子地
- 台板梨子地彫物
- 登竜金箔
- 惣て金物滅金

一、大幕
- 猩々緋縫《しょうじょうひぬい》立浪

一、二重幕
- 同断縫獅子牡丹

一、跡幕
- 緋抜模様付《ひぬきもようつき》

一、幕〆
- 水色ちりめん

一、簾《すだれ》
- 釣かぎ滅金
- へり天鵞絨《ビロード》
- 縫金糸

一、唐繰り並び前人形　錦天鵞絨縮緬《ちりめん》
- 衣裳　繻子《しゅす》絹の類
- 外に水引、前幕、吹抜け
- 右は縮緬絞絹麻《しぼりきぬあさ》の類にて、年々切替え相用い候分

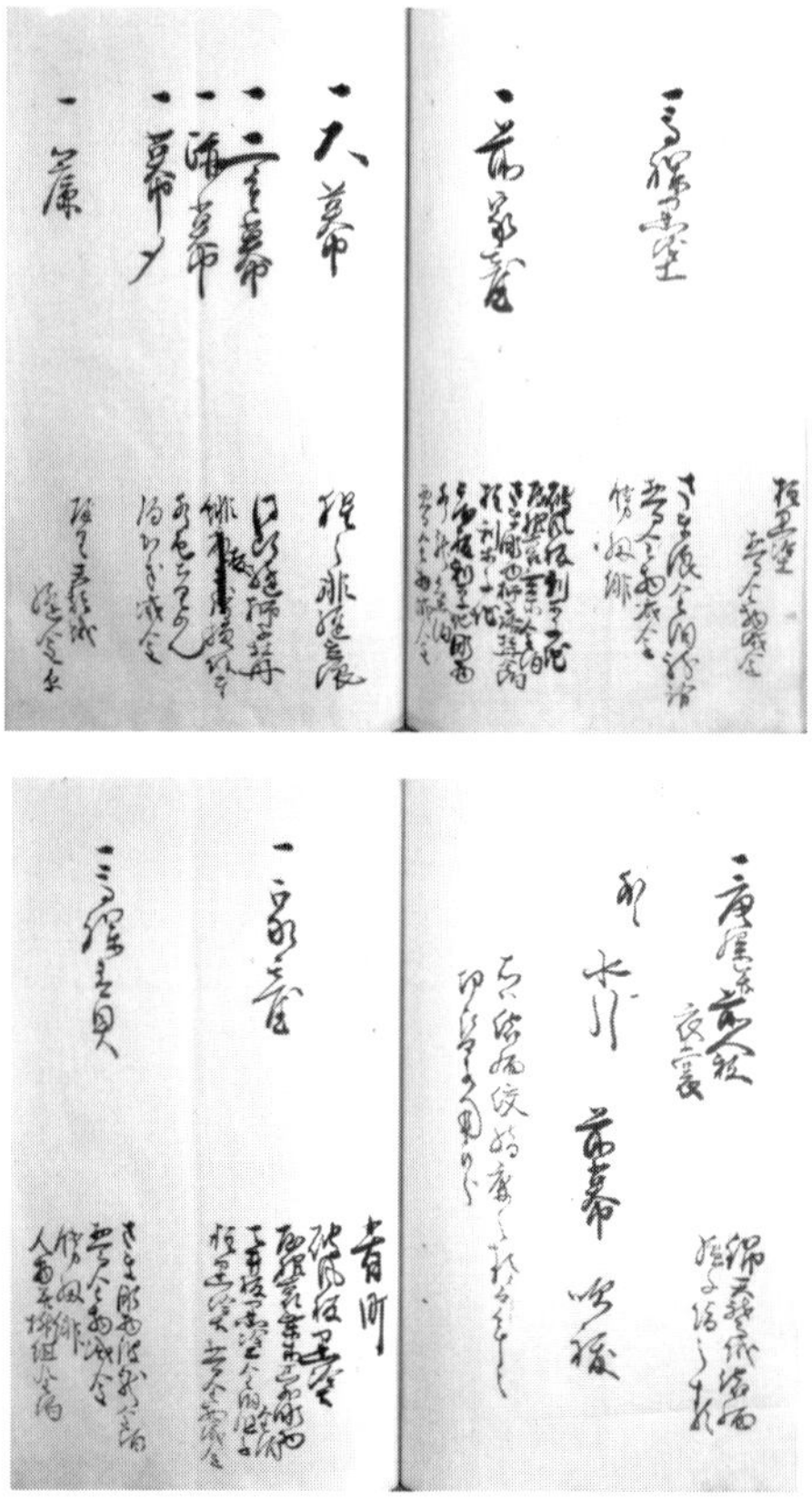

「御觸状留帳」　弘化３年　中町・肴町
刈谷市中央図書館所蔵

肴町

一、家台
- 破風板黒塗
- 屋根裏垂木其の外彫物金箔
- 天井板黒塗金箔組子《くみこ》
- 柱黒塗惣て金物滅金

一、高欄青貝

さま彫物波竜金箔
惣て金物滅金《めっき》
餝紐緋《かざりひもあか》
人物並枡組金箔

一、前家台

破風板梨子地《はふいたなしじ》
屋根裏垂木《たるき》金箔
さま彫物波竜金箔
柱梨子地
台板木地塗彫刻
雲登竜金箔
惣て金物滅金

一、大幕　猩々緋《しょうじょうひ》

一、二重幕　同断縫　雲竜

一、跡幕　緋抜縫付《ひぬきぬいつけ》

一、幕〆　水色ちりめん

一、すだれ　釣かぎ滅金
へり天鳶絨《ビロード》
縫金糸

一、唐繰り並び前人形　錦天鳶絨縮緬《ちりめん》
衣裳　繻子《しゅす》絹之類

外に水引き、前幕、吹抜け
右は縮緬絞絹麻《しぼりきぬあさ》の類にて、年々切替相用候分

新町

一、家台

破風板《はふいた》黒塗
屋根裏垂木《たるき》金箔
彫刻宝惣金箔
天井板さいしき絵
柱黒塗　惣て金物滅金

一、高欄青貝

さま彫物登竜金箔
惣て金もの滅金
餝紐緋

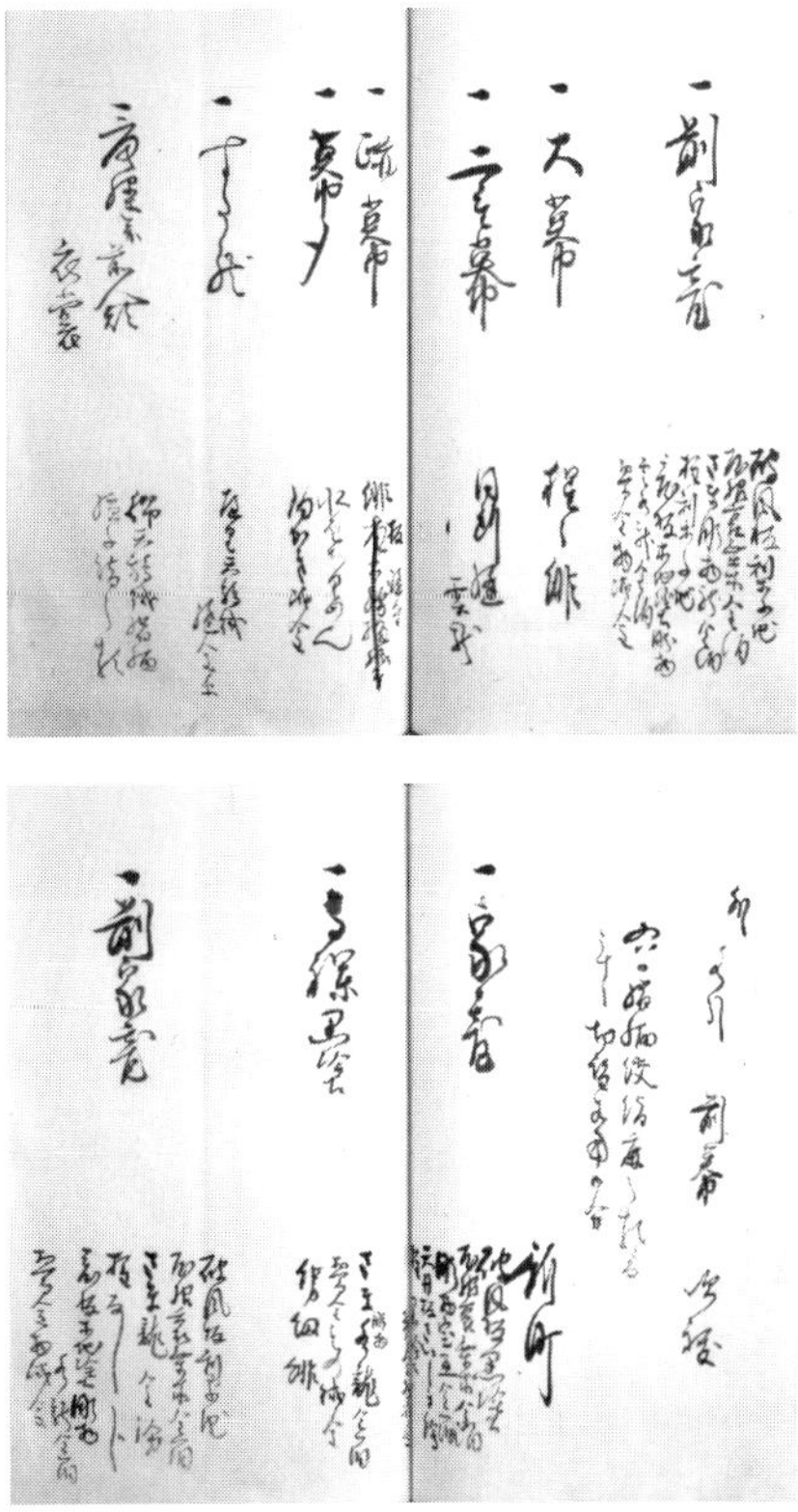

「御觸状留帳」弘化３年　中町・新町
刈谷市中央図書館所蔵

一　前家台

破風板《はふいた》梨子地《なしじ》
屋根裏垂木《たるき》金箔
さま竜金箔
柱なしじ
台板木地塗彫刻
　登竜金箔
惣て金物滅金《めっき》

一、大幕　猩々緋《しょうじょうひ》
一、二重幕　右同断　縫付
一、跡幕　緋抜模様付《ひぬきもようつき》
一、幕〆　猩々緋紐《ひも》
　釣かぎ滅金
一、すだれ　錦天鵞絨《ビロード》　縫金
一、唐繰り並び前人形　錦天鵞絨縮緬《ちりめん》
　衣裳　繻子《しゅす》絹の類
外に水引、前幕、吹抜け
右は縮緬絞《しぼり》絹麻《きぬあさ》の類にて、年々切替相用候分

猩々緋…黒みを帯びた鮮やかな深紅色。
梨子地…蒔絵《まきえ》技法の名称。
繻子…織物組織の名称。

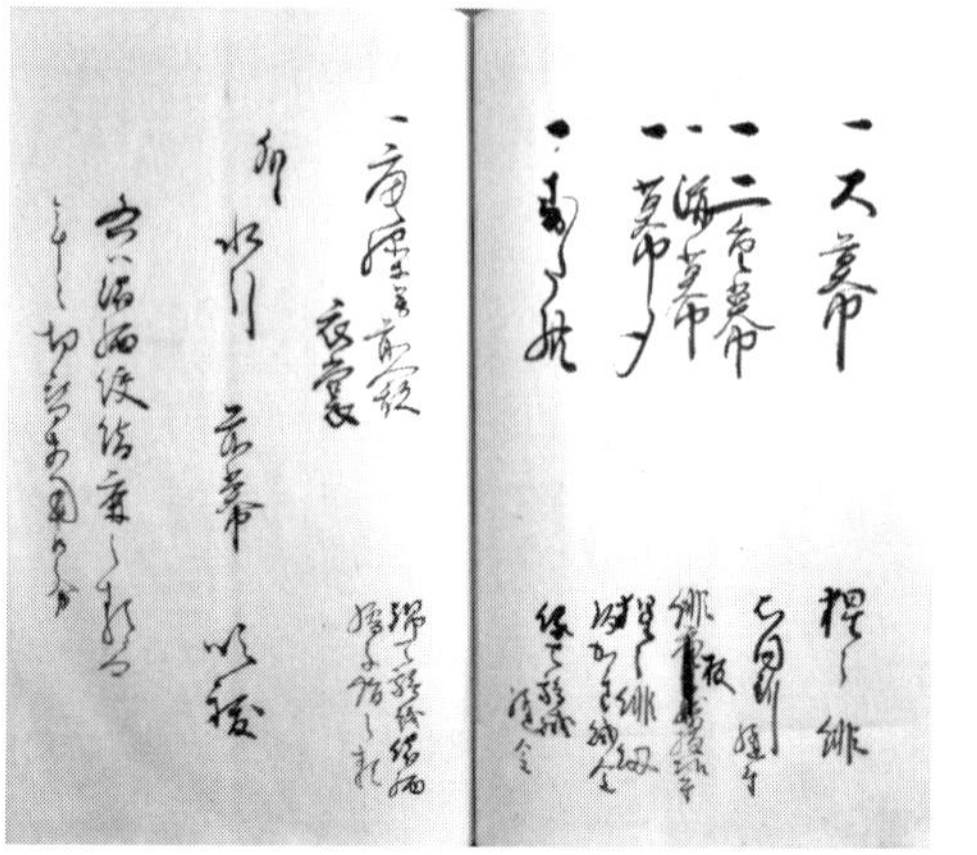
「御觸状留帳」弘化３年　新町
刈谷市中央図書館所蔵

末町

一、梵天《ぼんてん》
一、獅子並に衣裳　緋緞子《あかどんす》
一、太鼓大小
　同外巻　猩々緋縁黒天鵞絨《ビロード》
　同〆紐　黒天鵞絨
一、太鼓台幕　猩々緋　縫付
一、唐子衣裳　右同断
一、同笠
一、獅子舞仕立付　木綿花色小紋
一、徒士羽織　秩父花色小紋

一、同立付　木綿花色小紋

寺横町

一、梵天　壱本
一、先払　木綿羽織立付
一、具足　壱釣
一、建弓　重藤巻《じゅうとうまき》弐張
一、先箱　追掛紐黒糸
一、先槍　頭鳥之羽根
一、大鳥毛　頭鳥之羽根
　下り馬ノ毛
一、台笠　袋天鳶絨《ビロード》
　飾紐萌黄《かざりひももえぎ》

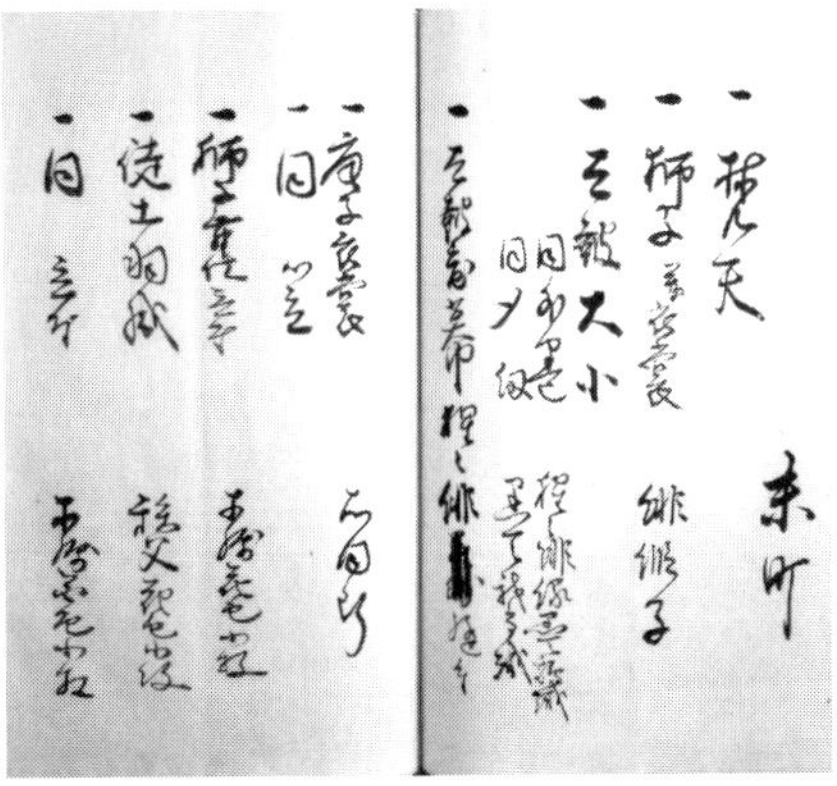

「御觸状留帳」弘化３年　末町
刈谷市中央図書館所蔵

一、建笠　袋天鳶絨
　飾紐同断
一、持筒　袋黒羅紗《らしゃ》
一、長刀《なぎなた》　同黒天鳶絨
　飾紐萌黄
一、徒士《かち》　秩父羽織立付
一、出来守《できのかみ》　麻上下《かみしも》尉斗目《のしめ》
　並大小
一、近習《きんじゅう》　羽織黒縮緬《ちりめん》
　末細並大小
一、駕　廿六人分
　蒲団《ふとん》　赤地綿一
　紺《こん》地綿一
一、長柄傘　袋黒天鳶絨
　かざり紐もへき
一、床机《しょうぎ》　黒ぬり
一、笠袋　袋黒天鳶絨
　かざり紐もへき
一、跡箱　追掛紐黒糸
一、跡槍　黒積毛形
一、鷹匠餌差《たかじょうえさし》
一、手廻　紺看板並大小

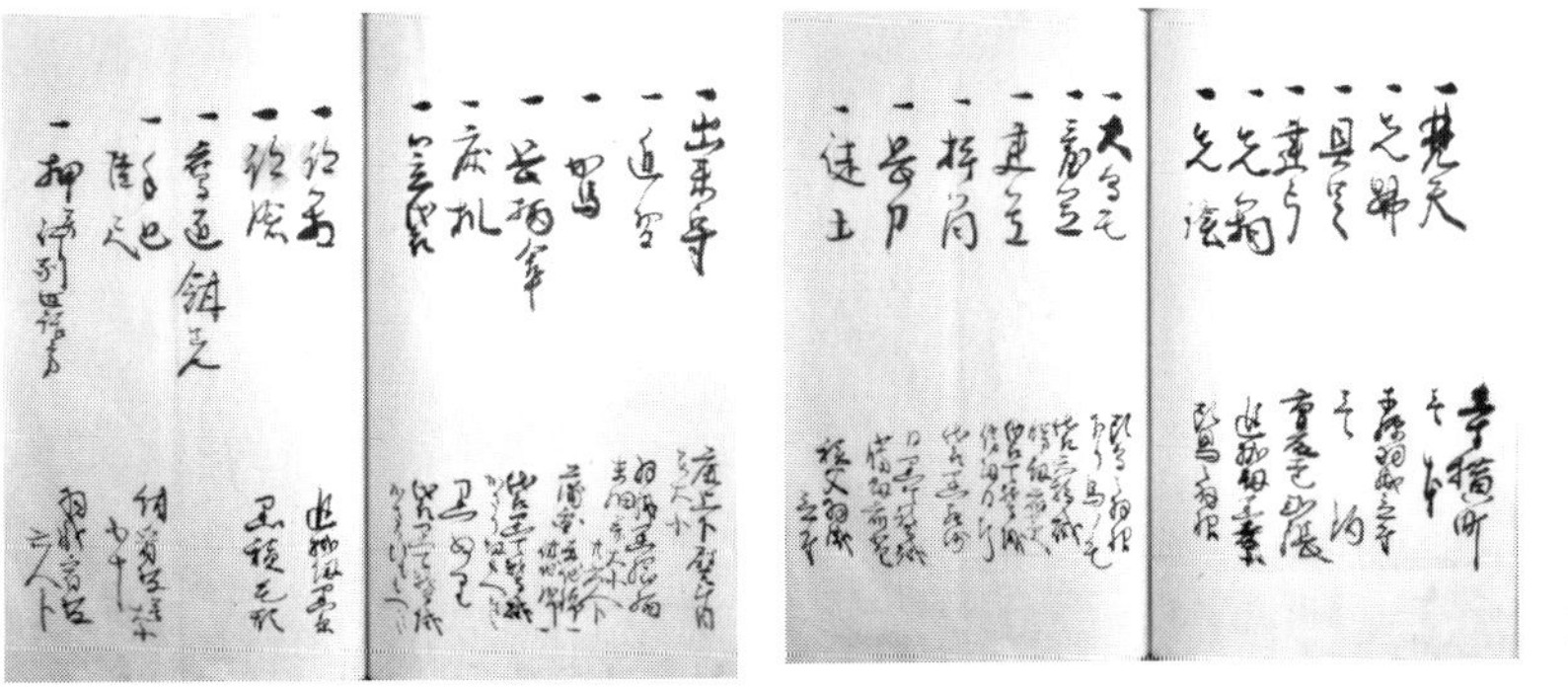

「御觸状留帳」弘化３年
寺横町
刈谷市中央図書館

陸尺《ろくしゃく》　五十

一、押並び行列世話方　羽織看板六人分

外に人足多少御座候節は引馬指し出し申し候

当　町

一、神馬《しんめ》　壱疋

一、幣《へい》　壱本

一、鞍《くら》　青貝

一、障泥《あおり》　黒塗模様　金立張

一、鐙《あぶみ》　象眼《ぞうがん》入模様

蒲団《ふとん》並力皮黒皮

一、鼻皮　表緋羅紗《ひらしゃ》　金物滅金

一、押掛房　紫本糸

一、鞅《むながい》　紫紐《ひも》

一、尻たれひ　黒羅紗板、覆輪《ふくりん》金皮

房紫本糸

一、鞦《しりがい》　紫本糸　此なけ房同断

一、先払、跡押　羽織金襴《らん》木綿立付四人分

一、馬付　看板紺木綿《こんもめん》六人分

右は今般御改に付き、町々有り来《き》候諸品書き上げ奉り候所、相違無く御座候。以上

弘化三年午《うま》七月

与頭　幸　七

町庄屋　村瀬佐助

御奉行所

『刈谷町庄屋留帳第十四巻』

梵天…竿の先に御幣を付け「御祭礼」・町名などを記載した看板。

具足…鎧《よろい》・兜《かぶと》などを入れる箱。

建弓…弓・矢が入った物。

先箱…衣裳を入れた箱。

先槍…槍の先に鳥の羽根を付けた物。

大鳥毛…鷹《たか》・鶏《にわとり》・カラスなどの鳥毛の飾りを柄先に付けた物。

下は馬の毛

台笠…頭に被る笠を袋に入れて棒の先に付けた物。

建笠…長柄の笠をビロードの袋に入れた物。

持筒…火縄銃を羅紗で包んだ物。

長刀《なぎなた》…返りかえった長い刀でビロードの袋で包んだ物。

徒士《かち》…乗り物に乗らないで歩く者。

出来守《できのかみ》…十万石の格式を持った架空の殿様「秋田出来守」。

近習《きんじゅう》…殿様の側近に仕える者。

床机《しょうぎ》…殿様が使う腰掛。鷹匠餌差《たかじょうえさし》…鷹狩りに従事する役。

陸尺《ろくしゃく》…御駕籠《おかご》を担ぐ人。障泥…泥除けの馬具。

◉弘化四年（一八四七）

中町役割表

町代	藤　蔵	車引弐人
上下着	加藤新五郎	車引三人
	加藤新右衛門	車引三人
	濱嶋正五郎	車引三人
	周　助	車引三人
	文　助	車引三人
吟味方袴着	由兵衛	車引弐人
御役人様附	常　蔵	車引弐人
	小右衛門	車引弐人
同断	惣四郎	
	重　吉	
	駒　平	車引弐人
	林右衛門	車引弐人
袴着車附	作兵衛	
	源　七	車引壱人
	友　七	車引壱人
	幸　八	車引壱人
	太　助	車引壱人
	惣　助	
	幸右衛門	
	吉右衛門	
	富　蔵	
	武兵衛	
	鶴　平	車引壱人
山飾方	重兵衛	
	又兵衛	
	喜　蔵	
弁當方	金治郎	車引壱人
	忠次郎	
	七右衛門	
人形世話方	惣兵衛	
	豊　蔵	
宿方	伊　助	車引弐人

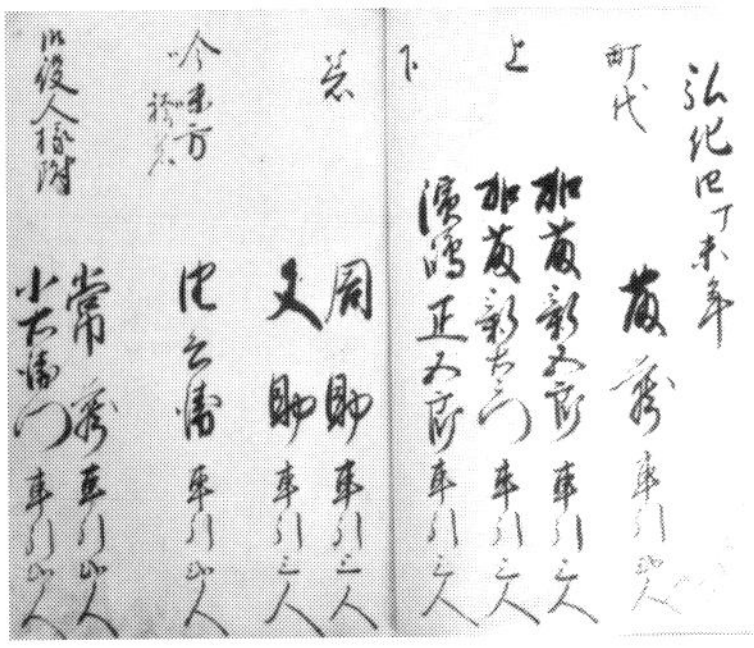
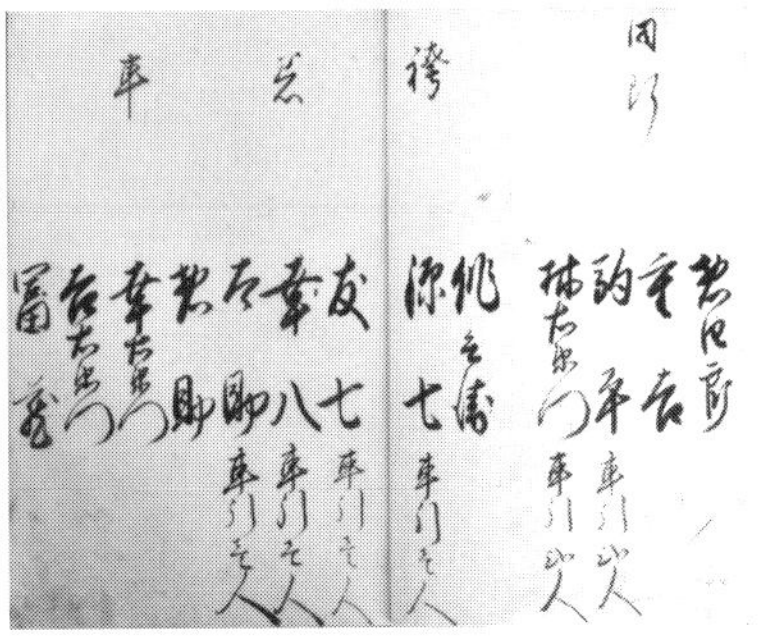

「中町役割帳」弘化４年
鈴木一峰所蔵

「中町役割帳」

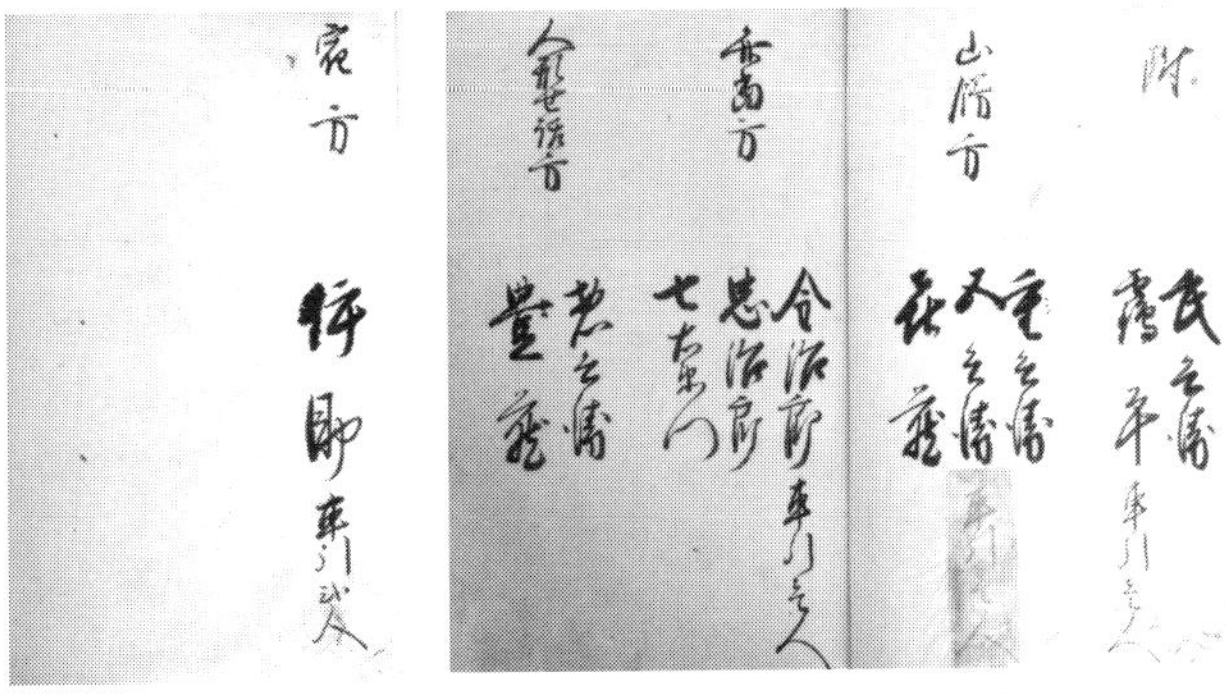

「中町役割帳」弘化４年　鈴木一峰所蔵

◉嘉永二年（一八四九）

正木新道神馬を差し出す

恐れ乍ら書付を以て願い上げ奉り候

当四月市原稲荷明神御祭礼に付き、当年の儀は新組の儀に御座候間、神馬壱疋差し出し相勤め申したく候間、恐れ乍ら願い上げ奉り候。宜しく御執《おと》り成し成され御願い下さるべく候。以上

嘉永二年酉《とり》三月　正木新道惣代　左　平
浜嶋太兵衛殿
稲葉半七殿
『刈谷町庄屋留帳第十四巻』

◉**嘉永四年（一八五一）**
正木新道囃子台・手踊りで勤める
恐れ乍ら書付を以て願い上げ奉り候
当四月御祭礼の儀、他町熟談の上、囃子台に手踊りにて相勤め申したく存じ奉り候間、恐れ乍ら願い上げ奉り候。この段宜しく御執《おと》り成し御願い成され下さるべく候。以上
亥《い》三月　正木新道町代
佐　平
稲葉半七殿
村瀬佐助殿
『刈谷町庄屋留帳第十五巻』

◉**嘉永六年（一八五三）**
中町御祭礼心得万《こころえよろず》の覚
一、太夫《たゆう》三味線振り付け、正月の内に相頼み延し置き候ては、差し支え相成り候間、正月の内に相頼み候事。
右は若者心得置く事。

一、桜花名古屋にて買い取り候事。
但し寄り込み斗《ばか》りは外へ頼み候事。
一、寺横町・末町両町へ酒弐升宛《づつ》内見前に遣《つか》わす事。
一、朔日朝御城へ車引き込み候所に、町口御番所へ弐升遣《つか》わす事。
一、車引きの処是迄車力相頼み候処、是は止め元刈谷方へ相頼み白人《しろうと》六人車カジ取り相頼み候事。並びに綱引き小使人足拾四人斗り買い入れ候事。
一、丁燈蝋燭《ちょうちんろうそく》支配方四人も役割致し候事。
一、山荘方にて出立《しゅったつ》拍子木《ひょうしぎ》打ち呼出し、並び不参加の者呼びに廻り役割致し候事。
一、寺横町・末町丁燈取持ち若衆へ以前は宿にて酒出し候処、近年は町々相談の上、前日に宿より酒三升宛配付にて遣わし候事。
相済候上は口上にて礼申し遣わす事。
一、市原休息宿節句に相頼み遣わす事。並びに休息宿札持参致し候事。
並びに四月二日早朝宿幕持参致し候事。
一、町引き御城内市原三日の内上下《かみしも》着の者にて、四人宛早出当日締方致すべき候事。
一、町内中四人宛組合仲間内にて、参らず者急度吟味《きっときんみ》致す事。
一、四月朔日二日夜町内男子出払いに相成り候に付き、町内番弐人相頼み拍子木打ち念入り相廻せ申すべき事。
一、衣裳吟味の上、出し物浄瑠璃《じょうるり》相極め申し候事。勿論《もちろん》世話方篤《とく》と

吟味の事。衣裳えり小物に至るまで取り寄せ世話方吟味の上買調へ、若い者へ相渡し申すべき候事。付けたり万々一《まんまんいち》若い者随意に買い取り候、品は町内より代料払い申すべからず候事。

「中町役割帳」

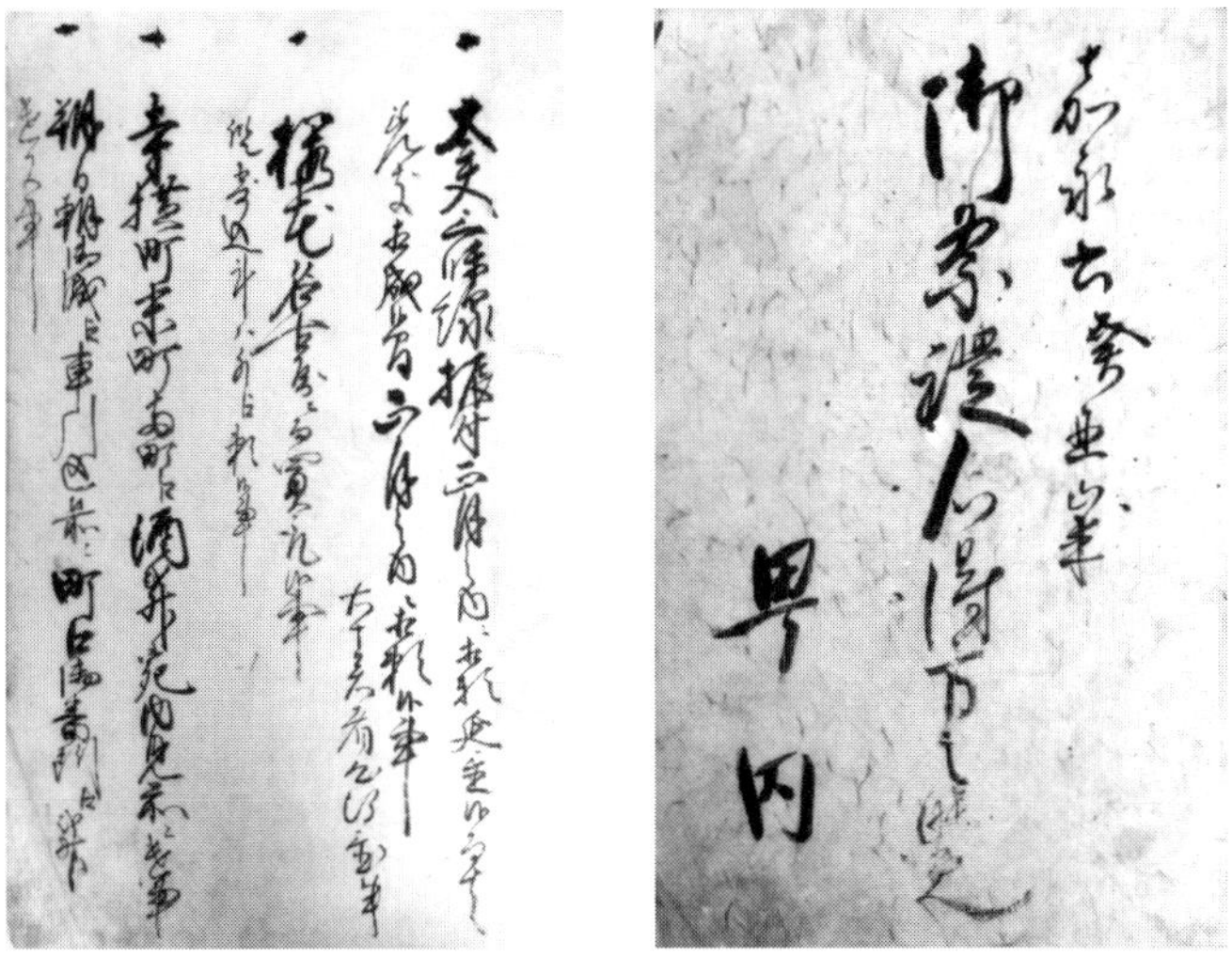

「中町役割帳」嘉永６癸丑年　御祭禮心得万之覚　町内
鈴木一峰所蔵

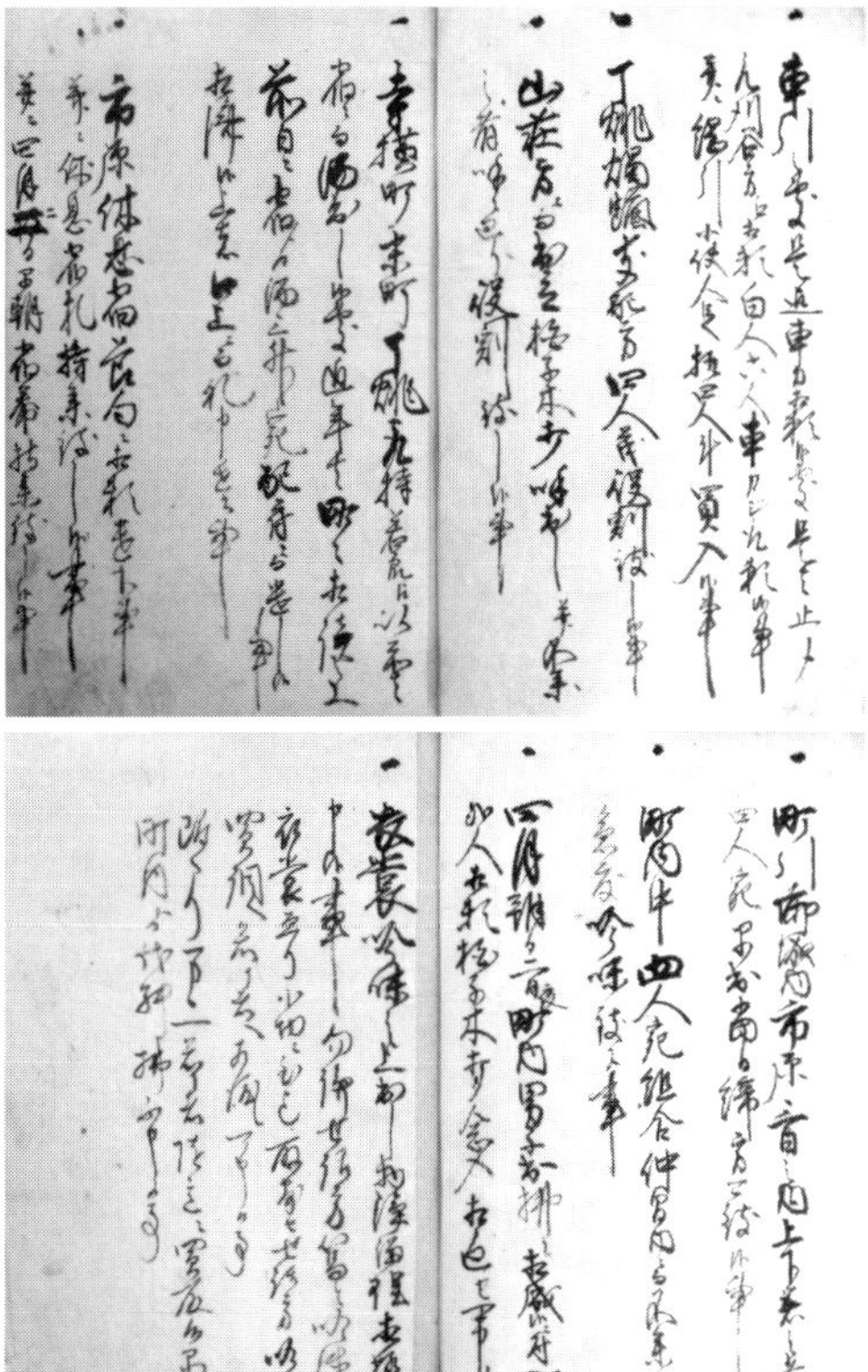

「中町役割帳」嘉永６癸丑年　御祭禮心得万之覚　鈴木一峰所蔵

◉嘉永七年（一八五四）

市原町が本町から組別れる

恐れ乍ら書付を以て願い上げ奉り候

古来より本町・市原と組合にて祭礼等仕り来たり候処、近年双方共追々家数相増し諸向談示方行き届け兼《か》ね候に付き、双方組別れ仕りたく候旨《むね》熟談に及び、納得の上故障無く組み別れ仕り候間、恐れ乍ら連印を以て願い上げ奉り候。この段宜しく御執《おと》り成され御願い成さるべく候。以上

嘉永七寅《とら》二月　本町惣代　井野安右衛門

定　吉

市原惣代　磯右衛門
新　六

村瀬佐助殿
稲葉半七殿

『刈谷町庄屋留帳第十五巻』

◉安政二年（一八五五）

市原町神馬差し出し規定

恐れ乍ら書付を以て願い上げ奉り候

当四月御祭礼の儀、他町熟談の上、神馬差し出し相勤め申したく存じ奉り候間、恐れ乍らこの段宜しく御執《おと》り成し御願成され下さるべく候。以上

卯《う》三月

市原町
町代　磯　治

村瀬佐助殿
稲葉半七殿

正木新道・市原町花車出来の時は惣鬮《そうくじ》

今般市原町組分に相成り候に付き、惣町熟談の上御神馬差し出し候規定左の通り

一、内見の儀馬差し出し候中は鬮除き八番の事。

但し品替等に相成り候節は五番よりの鬮に組込み候事。

付たり　本車に仕立て差し出し候節は、正木新道・市原町共、惣鬮へ組合せ候事。

一、町引き、外町同様乱引き願い済の故、相勤め申すべく事。

但し番組は八番の事。

一、朔日御城内八番に定り候所、生物の事故無く例格と寺横町跡へ引き続き相勤め候事。

付たり　町口御門外待合せ居《お》り候内、元中根御家中屋敷翌日の分相勤め候故、七番組町口御番所相済み候上、馬計《ばか》り引取り等は車町引取り進み相待ち居り候事。

一、二日大部屋下入口にて出合い、八番に付き順弐丈御神前相勤め、其の段相届け馬計り引き取り候事。

右の趣《おもむき》惣町代立合いの故、規定に相成り候間、連印取り置き申し候。仍《よっ》て件《くだん》の如《ごと》し。

安政二年乙卯《きのとう》三月廿六日

本　町　定　吉　印
中　町　伊　助　印
末　町　藤兵衛　印
寺横町　奥右衛門印
肴　町　又　七　印
新　町　松右衛門印
正木新道　五兵衛　印

市原町　磯　治　印

『刈谷町庄屋留帳第十五巻』

◉安政三年（一八五六）

寺横町祭礼蔵棟上げ

安政二乙卯《きのとう》年八月十三日より大工始め仕り。同三辰《たつ》十一月廿日棟上げに出来仕り候。

「寺横町御祭禮清算帳」

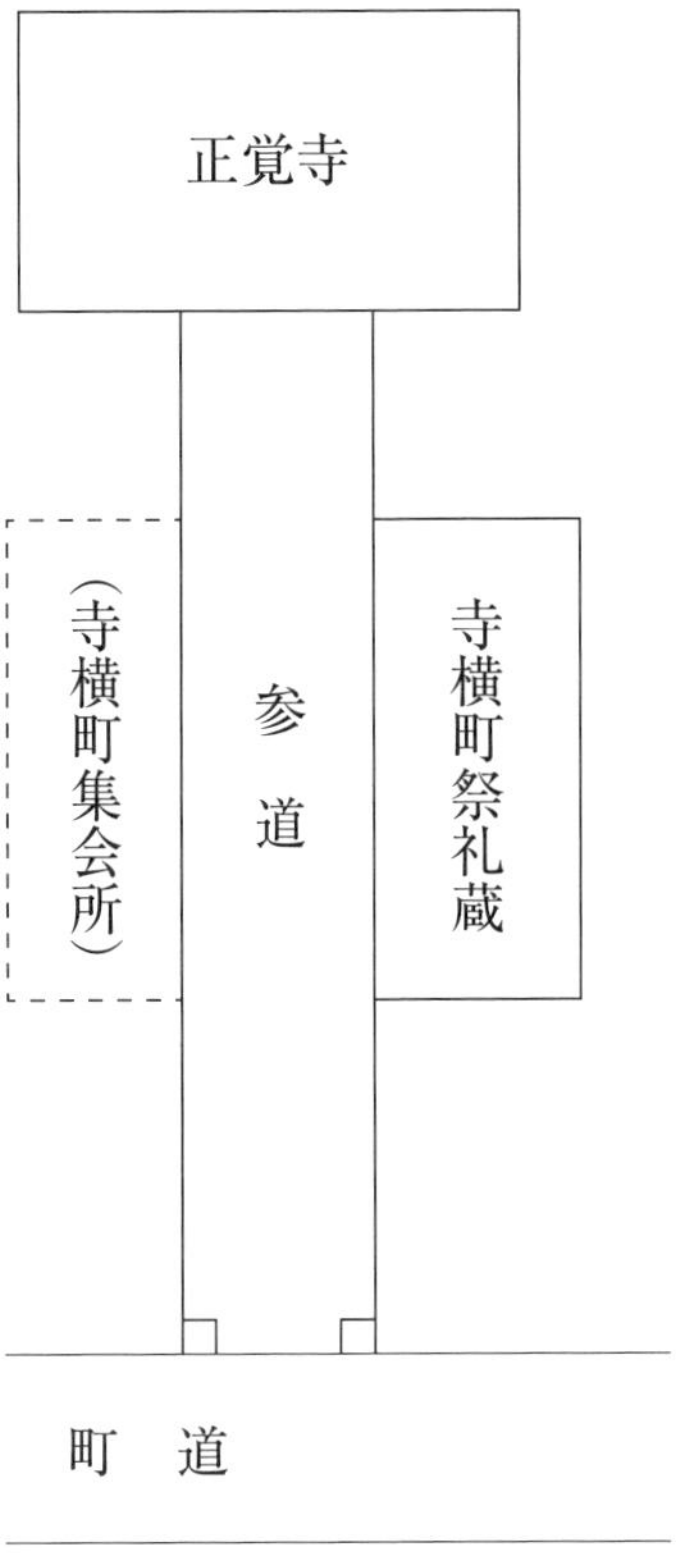

集会所は大正六年四月二十五日竣工。

昭和十二年頃道路開通により祭礼蔵と集会所は取り壊される。

◉安政六年（一八五九）

祭礼取り極め芸者一切頼まず

祭礼取り極め一札の事

一、当町祭礼の儀、是まで人無きに付き、諸芸者雇い相勤め来り候処、今般《こんぱん》八丁町熟談の上、両祭礼共拍子方の外、芸者一切相頼み申す間敷く候、後日の為連印一札仍《よっ》て件《くだん》の如《ごと》し。

付たり　柾《まさき》新道万一踊り子人少の節は、刈谷・元刈谷・熊村・高津波内の御男子これ雇う。

安政六年　己未《つちのとひつじ》年

八町々　世話人

本町　七右衛門　　肴町　弥七
　　　庄兵衛　　　　　升吉
中町　重吉　　　　新町　春蔵
　　　新三郎　　　　　秀蔵
寺横町　松兵衛　　柾新道　左平
　　　磯吉　　　　　　佐吉
末町　藤七　　　　市原町　平六
　　　清八　　　　　　八百蔵

松秀寺様

八ヶ町惣代衆中

右町代中、持参候上、写し置き相返し者也。

内見鬮《くじ》の事
壱番、弐番、五番、六番、七番、八番、六ヶ町惣《そう》鬮の事。
三番、四番警固町へ振り向く、勿論二ヶ町にて鬮の事。
未《ひつじ》三月廿日
右は町代中より申し出られ候間、後日の為これを記し置く者也。

花車の前人形張り出す

恐れ乍ら書付を以て願い上げ奉り候
一、当所祭礼是まで車内にて相遣《つか》う人形、出し物に寄り手使いに御座候て甚《はなは》だ迷惑仕り候に付き、知立町同様張り出し仕り、相遣《つか》い申したき趣《おもむき》、警固町其の外相談の処、聊《いささ》か故障の筋御座無く、これに依り惣町納得の上願い出候間、恐れ乍ら此の段申し上げ奉り候。以上
安政六年未《ひつじ》三月廿三日
町組頭　幸　七
庄　屋　村瀬佐助
御奉行所
『刈谷町庄屋留帳第十六巻』

◉文久元年（一八六一）

遺作に付き糸唐繰《いとからく》り止め前人形一幕

恐れ乍ら書付を以て願い上げ奉り候
当四月市原御祭礼年御座候処、打ち続く遺作故、昨年来米穀諸色《しょしき》共格外の高値にて一同難渋《なんじゅう》に付き、休祭にも仕り度《たく》の処、左候ては神《しん》慮《りょ》の程恐れ入り候に付き、万端《ばんたん》省略仕り、左の通り相勤め申したく存じ奉り候。
一、御内見町引兼帯一日
一、御城内一日
一、市原本祭一日
右三日何れも、暮六ッ時（午後六時）限り引き取り申すべく候。
一、車町糸唐操り止め、尤も飾は仕り置き候。
前人形壱幕、但し御屋敷様方御桟敷は、右の内切幕に仕り相勤め申し候。
一、柾新道《まさきしんみち》子供踊り壱幕、但し御屋敷様方御桟敷は車町同様切幕に仕り相勤め申し候。
一、警固町の儀も、右に準じ手早に相勤め申し候。
右の通り当年の儀は、省略仕り相勤め申したく存じ奉り候間、恐れ乍ら此の段願い上げ奉り候。以上
文久元酉《とり》年三月
刈谷町惣代　定　吉
同　小右衛門
同　藤兵衛
同　奥右衛門
同　又　七
同　松右衛門

同　岡本五兵衛
同　惣左衛門
組頭　鬼頭幸七
同　尾崎新助
庄屋　稲葉半七
同　加藤新右衛門

御奉行所

『刈谷町庄屋留帳第十六巻』

◉元治二年（一八六五）

米穀高値に付き糸唐繰り止め前人形

恐れ乍ら口上の覚

御城内車順

本町

一、前人形　朝顔日記　嶋田屋の段
箱根霊験《れいけん》躄《へき》仇討《あだうち》　滝の段

中町

一、前人形　源平布引滝　松波琵琶の段
嫗山姥《おうなやまうば》　廓咄《くるわはな》しの段

末町

一、獅子警固

寺横町

一、奴行列

市原町

一、御神馬

刈谷町

一、御神馬

元刈谷村

一、御神馬

肴町

一、前人形　義経千本桜　二段目
鏡山故郷絵　七段目

新町

一、前人形　一の谷嫩軍記《ふたばぐんき》　陣屋の段
義経千本桜　三ノ切

正木新道

一、子供手踊り　三番叟四季詠《しきのながめ》
江戸土産寄錦絵

右の通り御座候間、恐れ乍ら此の段御届申上げ奉り候。以上

丑《うし》三月　町庄屋　岡本権四郎

御奉行所

『刈谷町庄屋留帳第十七巻』

◉慶応三年（一八六七）

米穀高値に付き六月五日に延期前人形止め

恐れ乍ら書付を以て願い上げ奉り候

当所市原御祭礼の儀、例年四月二日御座候所、当年の儀は御停止中に付き差し延べ候所、此の節御停止明けに相成り候に付き、相勤め申したく存じ奉り候。尤も追々米穀並び諸色《しょしき》高値にて、一同難渋《なんじゅう》仕り、誠に御時節柄恐れ入り奉り候に付き万端《ばんたん》省略仕り、御城内へ芸車並び警固等曳き入れ候儀相見合い、来る六月五日頃、左の通りにて相勤め申したく存じ奉り候。

一、市原本祭　一日限り

但し車町前人形止め、打囃子計《ばか》りにて曳き廻し申し候。

警固町の儀も右に準じ、手早に相勤め申し候。

正木新道の儀は、囃子台打囃子計りに御座候。

右の通り当年の儀は省略仕り相勤め申したく存じ奉り候間、恐れ乍ら願い上げ奉り候。以上

慶応三丁卯《ひのとう》年五月

刈谷町百姓代　仁兵衛
同　磯右衛門
同　治助
同　小右衛門
同　定吉
同　奥右衛門
同　又七
同　猪塚惣右衛門
組頭　鬼頭幸七
同　岡本五兵衛
庄屋　岡本権三郎
同　加藤新右衛門

御奉行所

『刈谷町庄屋留帳第十八巻』

六月五日御祭礼

御祭礼の儀天気都合克《よく》、六月五日に相勤め申し候。尤も早朝年番宅の前に車を揃い置き、同心衆御出張《では》りの上、御覧に車町々曳引《えいいん》いたし候事。尤も年番宅の前を曳き、仲右衛門前にて捻《ひね》り廻し、それより前裁《せんざい》へ入り、寺横町より肴町曳き、正木新道入り、御城の前へ出る。本町へ上がり新町迄曳き、それより中町通り・南横町通り・市原へ行く事。御服中《ごふくちゅう》に付き、御上様神馬並びに御武者は御見合の事。知立明神様へ神馬差し上げ候事。当所御祭礼さへも一日限の事ゆえ断り申す、止めに相成り候事。尤も御初穂の儀は是迄の通り弐百文、白片木《へぎ》のせ神納め候事。

一、此の三祭計り内見、町引兼帯に付き、同心衆並びに中間目付へ

配符差し遣わし候事故《ことゆえ》、当年の儀は見合の積の所、模様に付き又候同心衆へ配符五升、中間目付へ金三朱の配符壱枚、御奉行様へ配符弐升差し上げ候事、右に付き町々より配符壱升づつ宛、是迄町々より弐升づつ、寺横町壱升の所、高値に付き半分に致し、寺横町は五合、〆七升五合に成る。

『刈谷町庄屋留帳第十八巻』

祭礼時上下着用者

覚え

上下着

本町
太田市右衛門
多兵衛
猪兵衛

中町
加藤七三郎
浜嶋太兵衛
加藤芳兵衛
尾崎新助
加藤仲右衛門

肴町
村瀬佐助
石原金兵衛
白井源七
矢田嘉七
要右衛門
与十郎
倉橋新蔵
七蔵
藤七

新町
春蔵
秀蔵
両助
伊助

市原町
惣兵衛
磯次
新六
平六
長左衛門

正木新道
正木通平
山本兵作
熊蔵

右の通り御祭礼に付き、上下着用仕り候間、此の段申し上げ奉り候。

以上

卯《う》六月　　町庄屋　加藤新右衛門

竹中政次様

『刈谷町庄屋留帳第十八巻』

四、明治時代

明治の初期から凶作と諸色高値が続き、明治二年（一八六九）車組は花車の替りに三番叟を奉納。明治四年（一八七一）には絡繰り人形は中止、前人形のみ奉納。明治五年（一八七二）には額田県から狂言・手踊り等禁止の通達が下り、ついに翌年の明治六年（一八七三）には前人形が廃止になる。これ以降刈谷では、絡繰り人形・前人形は奉納されずに囃子のみを奉納することになる。小垣江村からは、金比羅神社を立替するため、山車を正木町と市原町へ売却して立替費を捻出する。これで花車は、本町・中町・肴町・新町・正木町・市原町の六台となる。しかし市原町は、明治十九年（一八八六）に出合い場所の不服を唱えて花車の替りに投げ餅を奉納、その後明治二十六年（一八九三）五月十六日（旧四月一日）の夜に休祭の処、我がままに祭礼を行い花車差し戻される。これ以降は花車が出た記録がない。明治二十八年（一八九五）の本祭では、本町・中町・肴町・新町・正木町の五台となる。

大名行列の帯剣は、明治九年（一八七六）三月二十八日の廃刀令で軍人・警官・大礼服着用以外の帯刀を禁止となり、明治十八年（一八八五）神輿警護の者に限り許可される。

祭礼日は、これまで四月一日・二日に行われていたが、明治五年（一八七二）十二月三日を明治六年（一八七三）一月一日とする太陽暦を採用してからは、明治八年（一八七五）から旧暦四月一日・二日に行われる。明治四十一年（一九〇八）からは新暦五月一日・二日に、翌年の明治四十二年（一九〇九）の年だけ電話開通工事のため、新暦四月一日・二日に行う。明治四十三年（一九一〇）以降は昭和三十七年（一九六二）まで新暦五月一日・二日に行う。

四月祭が始まる前に行われる宿移りは、旧暦三月三日に行い酒を出し肴一種類または湯豆腐にて持て成す。旧暦三月十日、新宿にわら五束で七五三《しめなわ》打ちを行い入口に飾り、宿方より三ッ丼・鉢肴・吸い物で持て成す。囃子の稽古中は、到来物で持て成す。祭礼中は、酒は出さない。等の規則により祭礼が行われる。二年後の宿別れは、酒と肴二種類ばかりで持て成し、札入れにて新宿を決める。

◉明治二年（一八六九）
祭礼宿勤め方の儀

恐れ乍ら書付を以て申し上げ奉り口上の覚え

一、当御祭に付き、町々宿勤方の儀、御尋ね御座候に付き、左に申し上げ奉り候。

一、三月三日新宿移り　宿方より酒出し申し候。但し肴壱種或は湯とうふ

一、同十日七五三打《しめなわ》ち　神主より御神酒《おみき》参り候に付き、是を開き其儘《まま》にて、宿方より御神酒足《た》しとして酒出し申し候。肴弐種計《ばか》り

一、稽古中　宿見舞到来の品御座候節、若者へ差し出し別段宿より調い申さず候事。

一、祭礼中　宿より酒出し申さず候事。

一、翌々年三月三日宿別れ　宿より酒出し、肴弐種計り、其上にて新宿札入れ仕り候。

〆　本　町
　　中　町
　　柾新道
右　肴　町　同様に御座候
　　市原町

一、三月三日新宿移り　茶計り

一、十日七五三打ち　宿より酒出し申し候事。前の町々同様に御座候。

一、稽古中祭礼中宿別れ　前の町々同様に御座候事。

〆
右　末　町

一、三月三日宿移り　酒町内にて買い、肴計り壱弐種宿より出し申し候。

一、十日七五三打ち　右同断

一、廿五日稽古揃にて　宿より酒出し申し候。肴弐三種

一、稽古中祭礼中　外町々同様に御座候事。

一、宿別れ　酒町内にて買、肴壱弐種宿より出し申し候事。

〆
右　寺横町

一、三月三日宿移り　茶計り

一、十日七五三打ち　神主より御神酒参り候に付き、是を開き別段宿より酒出し申さず候。

一、稽古中祭礼中　外町々同様に御座候事。

一、宿別れ　宿より酒出し申し候、肴壱人の手塩盛りにて出し申し候。

〆
右　新　町

右の通りに御座候間、恐れ乍ら此段申し上げ奉り候。以上

巳《み》三月　町庄屋　尾崎新助

市政御役所

『刈谷町庄屋留帳第十八巻』

宿移り・宿別れの持て成し

本町

一、宿移り　湯豆腐
一、七五三打　三ツ丼　鉢肴　吸物
一、同藁《わら》　五束
一、稽古中到来物《とうらいもの》を差し出す事
一、宿別れ　七五三打　同断
〆

中町

一、宿移り　湯豆腐
一、七五三打　三ツ丼　吸物　町内中　大平　すし
一、同　ワラ　五束
一、稽古中　同断

末町

一、宿移り　茶計り
一、七五三打　三ツ丼　鉢肴　町内中　吸物
一、稽古中　同断
一、宿わかれ　三ッ丼　鉢肴　吸物
〆

肴町

一、宿移り　三ツ丼
一、七五三打　三ツ丼　鉢肴
一、ワラ　五束
一、稽古中　同断
一、宿わかれ　七五三打　同断
〆

寺横町

一、宿移り　酒町内肴宿　三ツ丼　鉢肴
一、七五三打　同断
一、稽古中　同断
一、廿五日　稽古上り　三ツ丼　鉢肴　硯《すずり》ふた　御膳
一、宿わかれ　酒町内肴宿
〆

新町

一、宿移り　酒なし
一、七五三打　神主より参り候　御神酒開き　香口
一、宿わかれ　町内より　酒支度
〆

柾新道《まさきしんみち》

一、宿移り　三ツ丼
一、七五三打　町内中　三ツ丼　鉢肴　大平　御膳
一、同　藁　五束
一、稽古中　外町同断　三ツ丼
一、宿わかれ　鉢肴　御膳
〆

市原町

一、宿移り　三ツ丼
一、七五三打　町内中　三ツ丼　鉢肴　硯ふた

一、ワラ　五　束

一、稽古中　外町同断

一、宿わかれ　宿より酒出
　　　　　　肴壱人ツ々
　　　　　　手塩に付き

〆

吸　物
大　平
御　膳

一、ワラ　五　束

一、宿わかれ　七五三同断

〆

『刈谷町庄屋留帳第十八巻』

凶作に付き車町花車に替って三番叟

恐れ乍ら書き付けを以て願い上げ奉り候

当四月市原御祭礼の儀、御時節柄且つ昨年の凶作並びに諸色高値にて、一同難渋仕り候に付き万端《ばんたん》省略仕り、有合《あわせ》候品にて左の通り相勤申したく存じ奉り候。

一、三月晦日　町引き
一、四月朔日　御城入り
一、同　二日　市原本祭り
一、花車町々　前人形道化三番叟
一、警固町々　例年の通り
一、柾新道　囃子台子供三番叟
一、市原町　神馬壱疋

右の通り相勤めたく申したく候。尤も御上覧無く御座候はば、御城入り見合せ、朔日に町引き仕りたく候、尚雨天の節は日送り、天気次第相勤め申したく存じ奉り候間、恐れ乍ら此の段願い上げ奉り候。以上

明治二年
巳《み》三月　刈谷町百姓代　常　八
同　喜　助
同　源兵衛
同　仁兵衛
同　治　助
同　小右衛門
同　奥右衛門
同　猪塚惣左衛門
組頭　杉本磯右衛門
同　神谷周助
庄屋　尾崎新助
同　岡本権三郎

市政御役所

『刈谷町庄屋留帳第十八巻』

◉明治四年（一八七一）

唐繰り人形は中止・前人形のみ奉納

恐れ乍ら口上の覚え

当四月市原祭礼に付き、勤め方左の通りに御座候。

一、三月晦日　町引き
一、四月朔日　御城内
一、同　二日　市原本祭

本町

一、前人形　神霊矢口《しんれいやぐち》ノ渡し四ツ目
　　　　　　夕霧伊左衛門揚屋《あげや》の段
一、囃子方　菊田七太夫
一、浄瑠璃　竹本三角
一、三味線　鶴沢国吉
一、振り付け　吉田新七

中町

一、前人形　加々見山旧錦絵七ッ目　岩藤の段
　　　　　　箱根霊験《れいけん》滝の段
一、浄瑠璃　竹本七重太夫
一、同　竹本竹西軒
一、三味線　豊沢国二
一、振り付け　吉田善吉

肴町

一、前人形　本朝廿四孝《ほんちょうにじゅうしこう》三段目
　　　　　　壇《だん》ノ浦兜軍記《うらかぶとぐんき》三段目
一、囃子方　栗田大進
一、浄瑠璃　竹本禅新軒
一、三味線　豊沢源三
一、振り付け　豊松清十郎

新町

一、前人形　玉藻《たまも》ノ前《まえ》三段目
　　　　　　恋娘昔八丈　白木屋の段
一、浄瑠璃　竹本芦洲軒《ろしゅうけん》
一、三味線　黒沢仙之助
一、振り付け　豊松専十

柾新道

一、子供手踊り　三番叟四季詠《そうしきのながめ》
　　　　　　　　江戸土産寄錦絵
一、浄瑠璃　竹本時太夫
一、三味線　鶴沢亀蔵
一、長唄　芳村久三郎
一、三味線　杵屋《きねや》忠三郎
一、振り付け　中村可称路

市原町
一、御神馬　壱疋
右の通りに御座候。以上
上下着《かみしも》

本町　　肴町　　新町　　市原町
太田平一郎　白井弥七　亀井春蔵　猪塚惣衛
井野安衛　矢田嘉七　加藤宅蔵　飯海磯治
天野専吉　村瀬佐助　　　　大岡新六
中町　木戸両助　正木新道　江川兵六
加藤芳衛　岡本伊助　正木通平　猪塚佐助
神谷周助　正木松蔵　山本兵作　鈴木五平
加藤仲衛　　　　石原熊蔵　猪塚鉄蔵
矢田源七

右の通りに御座候間、恐れ乍ら此の段御届け申し上げ奉り候。
以上
未《ひつじ》三月　町庄屋　尾崎新助
刈谷御役所
『刈谷町庄屋留帳第十九巻』

御城内花車順

恐れ乍ら口上の覚え
御城内車順

一、前人形　神霊《しんれい》矢口渡し四ツ目／夕霧伊左衛門揚げ屋の段　本町
一、前人形　鏡見山旧錦絵七ツ目岩藤の段／箱根霊験《れいけん》滝の段　中町
一、獅子　警固　末町
一、奴行列　寺横町
一、御神馬　市原町
一、御神馬　刈谷町
一、御神馬　元刈谷村
一、前人形　本朝廿四孝《ほんちょうにじゅうしこう》三段目／壇《だん》ノ浦兜軍記《うらかぶとぐんき》三段目　肴町
一、前人形　玉藻《たまも》ノ前《まえ》三段目／恋娘昔八丈　白木屋店の段　新町
一、子供手踊　三番叟四季詠《そうしきのながめ》／江戸土産寄錦絵　正木新道
右の通に御座候間、恐れ乍ら此の段申し上げ奉り候。以上
未《ひつじ》三月
刈谷御役所
此の書き付けは朔日の朝御桟敷に差し出す事。
『刈谷町庄屋留帳第十九巻』

◉明治五年（一八七二）

狂言・手踊り等禁止

今般、狂言・手踊り等厳禁仰せ出され候に付いては、当三月中一切の神事願い済みに相成り居り候内、手踊りは申すに及ばず、獅子舞並び人形踊り等決して相成らず、且つ向後《きょうご》右件《うけん》の素人にて致し候儀、相成らざる旨御達しに付き、小毎末々《こごとすえずえ》まで心得違いこれ無き様致すべし候。万一違背《いはい》候者これ有り候はば、厳重の御沙汰《おさた》に及ばざるべく候の条。此の段更に相達し候事。

壬申《みずのえさる》八月　　額田県

碧海郡

『刈谷町庄屋留帳第十九巻』

◉明治六年（一八七三）

花車の前人形廃止・旧城内「緒川町」となる

旧例市原神社御祭礼日限り四月朔日・二日の処、新暦四月廿七日・廿八日願い済みに相成り居り候処、前文の通り地券調べ中延引《えいいん》に相成り。新暦五月廿五日・廿六日、則ち四月廿九日・五月一日両日相勤め申し候。尤も車町内は車斗《ばか》り引き出し、囃子にて人形など廃止に相成り候え共、当町内旧例の奴行列は先規の通りに罷《まか》り出、此度《このたび》は改めて町内より当処の御役人副戸長《こちょう》宛へ願い済みの上左の通り。

一、市原御神前へ旧例四月二日御輿の御迎え、末町神前迄獅子人数罷り出、神主より末町町代獅子付きの上御神酒頂戴の処、当年は旧城内緒川町と相成り。町通行通り抜け出来候。

当町以前町口御門にて御輿の御先故待合居り候処、当年は御門もこれ無き故、町役宛願い出願い済みにて、御輿御出の日市原神社松林の内迄奴行列人数参り候。末町の次に当町代初め行列人数の内一役壱人宛於《づつより》、御神前に御神酒頂戴仕り、夫《それ》より定格の次第奴御先仕り、末町獅子並びに御輿当町中御廻りに相成り候。

車町は囃子斗りにて引き廻しにこれ有り候。当町並びに末町両町斗り旧例の通り御神事。滞り無く相渡し申し候に此れにより此の訳相印置き候也。

刈谷町

副戸長　尾崎利助
同　稲葉半右衛門
同助役　岡本瀧三郎
同　太田平右衛門
同　加藤新右衛門
同　正木通平

〆六人右の通り御座候。

寺横町

酉《とり》五月　　町代　鈴木久蔵

「寺横町御祭禮清算帳」

◉明治八年（一八七五）

葭池町始めて参加

明治八乙亥《きのとい》年四月二日葭池町始めて、寺横町・末町ご案内して市原稲荷神社御輿御巡幸に相成り候事。

「刈谷町地暦更記」

◉明治十年（一八七七）

小垣江村山車を市原町へ売り払う

一、この度当組一同談合の上
　祭礼大車金八十円也。
　刈谷市原町売り払いこの御金子《きんす》
　金毘羅神社御殿立替え仕り候也。
　明治十年丑《うし》四月初め候。

「小垣江村歴史史料集」

正木町・市原町花車出来る

明治十年四月市原神社御祭典に付き、正木町・市原町両町花車出来始めて引き廻し車合わせ六ヶ町差し出し大賑わい相成り候事。

「刈谷町地暦更記」

◉明治十一年（一八七八）

本町休祭・祭宿取極め

四月廿八日
市原神社へ町々車の儀は本町は休祭、車差し出し候町は中町・肴町・新町・正木町・市原町〆右五車引き出し申すべく候。相請成られ候。
組町明治十二年四月正木新道・市原町・合わせ両町の車は、小垣江村より買い入れに相成り同年（実際は明治十年）より引き出し候。当町内同様末町獅子の警固の儀も是亦、右の内の徒歩□斗□本年は差し出し相成り候。治定置《じじょうおか》されべく候。
右の通り町々集談の上相極め申し候に付き以上。己《つちのと》年御祭礼四月廿八日当日勤めに付きては、祭り宿の儀取り極め左の通り。

第一条
一、宿分れの節酒肴《しゅこう》の儀は、各年世話人より酒肴買い調え成る丈手数欠け申さざる様致すべく候。
　但し酒は五升限り、肴は三品とす

第二条
一、新宿へ引き移しの節は、宿元には更に酒肴品一切差し出し申し間敷く候事。

第三条
一、七五三縄《しめなわ》打ちの節、御神酒開き御座候共、当日も酒肴の儀は各年世話人より買い調え□を宿元にて賄《まかない》仕り候事。

第四条

一、宿見舞い祝儀は一同取り引きこれ無く候事。当所は改め申さず□□親類これ有り衆中《しゅうちゅう》は宿極め次第見舞いを断り申し遣《つか》わすべく候事。

第五条

一、祭礼稽古中並びに稽古上りの節、都《すべ》て宿にて心配《こころくば》りこれ無く候事。各年の世話人方より酒肴買い調い方取り計い致すべく候事。

右の五条今般毎年御祭礼宿相勤め候処、都て倹約取り極め仕り候。

前条の次第一同集会極《きま》りの者は相守り申すべき事。若《も》し取り極めを乱し候人は、更に町内へ罰金差し出し申すべく候事。

明治十一年閏《うるう》四月廿八日

小笠原米三郎宿にて午後六時一同集会談示の上取り極め候。

後年末迄相背《あいそむ》くを申し間敷き事。

町内世話人　岡本紋平

大岡専六

鈴木儀右衛門

岡本常吉

「寺横町御祭禮清算帳」

◉明治十六年（一八八三）寺横町大名行列順

書き付けを以て申し上げ奉り候

御祭礼道具

一、梵天　壱本
一、具足　多米《ため》ぬ里かえ
一、建弓　重藤巻《しげとうまき》弐丁
一、先箱　追掛紐《おいかけひも》黒の糸
一、先槍　頭鳥の羽根
一、大鳥毛　頭鳥の羽根　下り馬の毛
一、台笠　袋天鵞絨《ビロード》餝紐萌黄《かざりひももえぎ》
一、建笠　袋天鵞絨餝紐萌黄
一、持筒　黒羅紗《ラシャ》
一、長刀　袋天鵞絨餝紐萌黄
一、駕　蒲団《ふとん》　赤地綿　紺《こん》地綿
一、長柄　黒天鵞絨餝紐萌黄
一、床机《しょうぎ》　黒塗
一、笠袋　黒天鵞絨餝紐萌黄
一、供箱　追掛紐黒上糸
一、供槍　黒羅紗廻は黒積毛形
一、出来守《できのかみ》　浅上下熨斗目《あさがみしものしめ》
一、近習《きんじゅう》　羽織黒縮緬《ちりめん》　大小四人前

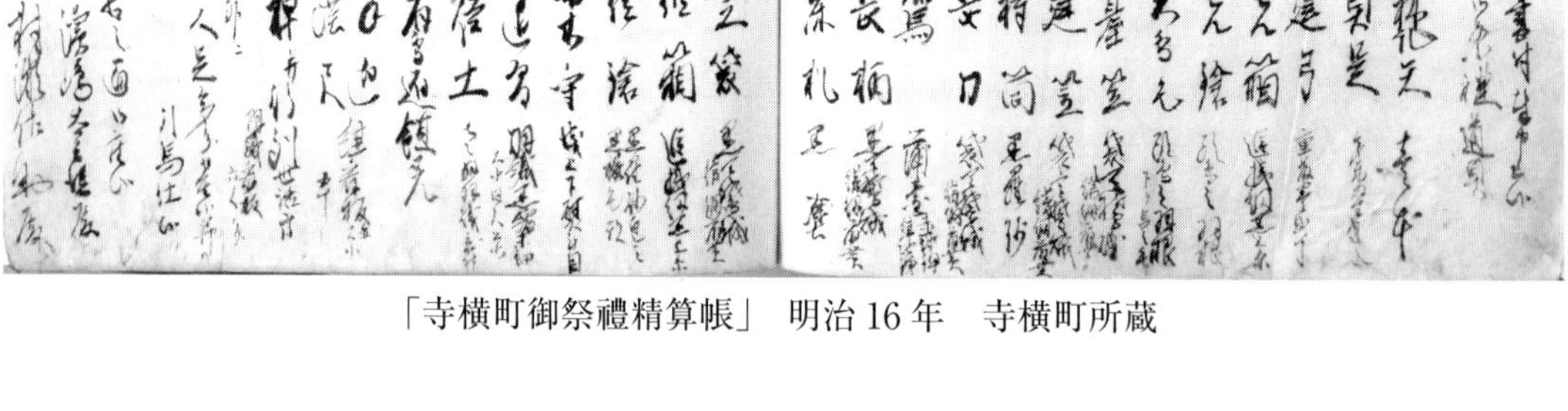

「寺横町御祭禮精算帳」　明治16年　寺横町所蔵

一、徒士《かち》　ちち婦羽織立付
一、鷹匠餌差《たかじょうえさし》
一、手廻　紺《こん》看板並大小
一、陸尺《ろくしゃく》　五十
一、押并行列世話方　羽織看板六人分
外に人足多分御座候節は引馬仕り候。
右の通り御座候。
浜嶋太兵衛殿
村瀬作助殿

「寺横町御祭禮清算帳」

本町飾車が神輿より先に神前に入り大騒動

当明治十六年四月例祭の節僅少《きんしょう》の相違より一大騒動を生じ、夜に入りて全く和解す。其の詳細左明記す。

当年四月祭礼本楽の日、例の如く早朝順席を逢《むかえ》て神輿を奉御《ほうぎょ》し村内所々を巡廻す。終わって帰路につき既に市原町の中程に達し例年の如く徐行して社前に至る。是迄は例年の順席也。然《しか》り而《しか》して是より一の云云《うんぬん》を生す。（例年の規《きまり》に神輿を寺横町警固、末町獅子にて送り御入輦《ごにゅうれん》して後飾車各順に神前を迂廻するの規也）茲《ここ》に於いて飾車例年の規に違い、本町既に神前を廻らんとし数歩を出り。人是を知るや否《いな》や大に騒乱を生じ剛勢恰《あたか》も鼎《かなえ》の騰《わ》くが如く。其の本町の不都合を怒り基より警固は神輿の先導なり、何《なん》ぞわ神輿の入場以前に飾車の神前を廻る事を許さざるやと、既《すで》に已《すで》に本町の飾車を破却し池中へ投入なさんずの勢いあり。茲に於いて当町の行列世話人谷澤重太郎・岡本市右衛門の両人を初め惣代等東奔西走《とうほんせいそう》、其の掛け合い方に盡力《じんりょく》し遂に戸長《こちょう》の裁許《さいきょ》する所となり。時刻相移り日没に至らんとするの意を以てすと雖《いえど》も一次を屈服《くっぷく》せず、全く本町の疎漏《そろう》に出つるなりと。茲に於いて本町は其の疎漏を謝《あやまり》し、車を引き戻すは論を俟《ま》たざれも何分夜に入り遅刻したるを以て車を横たへ、通行の場所を開き以て真《まこと》主意を立て戸長の仲裁する所となり。茲に初めて全く和解す。是より事無く神輿を送り奉り入場し而《しか》して、例年の如く相済みたり。実に近年未曾有《みぞう》の一大変動たり。

「寺横町御祭禮清算帳」

◉明治十九年（一八八六）五月五日　陰祭の年

市原神社上棟式・市原町出合場所不服

市原神社新築出来上棟式寄付記
一、御神酒　十一樽
投げ餅・景物　十六車
刈谷村字本町・中町・肴町・寺横町・末町・正木町・緒川町・
元中根町・中根町・葭池町・新町
一、花車　五台　本町・中町・肴町・新町・正木町
右の通り各町出合い場所は、末町秋葉神社前揃い談事済み引き取りの処、市原町世話人出合い場所不服となえ色々各町組長始

め戸長談事仕り候。頭共市原町不承知有り市原町外十一町御神酒・投げ餅・花車差し出し候事。

一、投げ餅　市原町

右の通り順番投げ餅酒、六部区民中よりも献備物これ有り近年なき大賑敷く候事。

「市原稲荷神社細明記」

市原稲荷神社　左から本殿・市杵島社・中島秋挙の歌碑
澤梅谷画　明治20年頃　澤俊明所蔵

◉明治二十年（一八八七）
元刈谷村へ神輿渡御・緒川町甲冑警護

元刈谷村へ神輿渡御の記

明治廿年四月十八日当所戸長《こちょう》役場に於いて、各町組長例祭の儀に付き集会相成り。其の節、戸長竹田錬三氏より申し談《だん》の儀は、元刈谷村は往古より市原神社の氏子にして当刈谷人民と同一の氏子、且つ祭礼入費等も折半差し支出の事に付き、是迄神輿の渡御はこれ無しと雖《いえど》も、該《その》元刈谷村より神輿入御《にゅうぎょ》成られたく様申し請け相成り候に付き、渡御相成り候ては如何《いかが》哉《か》と論談に付き、各組長に於いて　協議整い各町世話人方へ通牒《つうちょう》し、各世話人に於いてもその方然《しか》るべしと相談整い渡御の事に決し候也。

猶《なお》また四月二日本楽祭の日、元刈谷村より神馬壱頭差し出しに付き、当町警護並びに末町も神輿警固の事に付き、入来《にゅうらい》の儀願い入れに付き、各承諾仕り当村巡御《じゅんぎょ》の後、下町より元刈谷村へ渡御行き致すべき事に決定相成り候也。

一、当村緒川町は本年より甲冑《かっちゅう》警護差し出したく儀申し出に付き、神輿後に付き沿い巡廻致し候也。

但し神前は一度巡廻の後、二度目は廻る前に車町の後へ並列《へいれつ》の事。旧四月二日神輿渡御護守《ごしゅ》各町巡次寺横町警護、末町獅子、元刈谷神馬、神輿次に緒川町甲冑警護にて各町を巡り迂廻の後に元刈谷村へ出て、明治廿年新四月二十三日・二十四日、旧四月一日・二日例祭滞り無く相済み。

この時組長　　岡本廣太郎
同　世話人　　岡本市右衛門
　　　　　　　谷澤重太郎
「寺横町御祭禮清算帳」

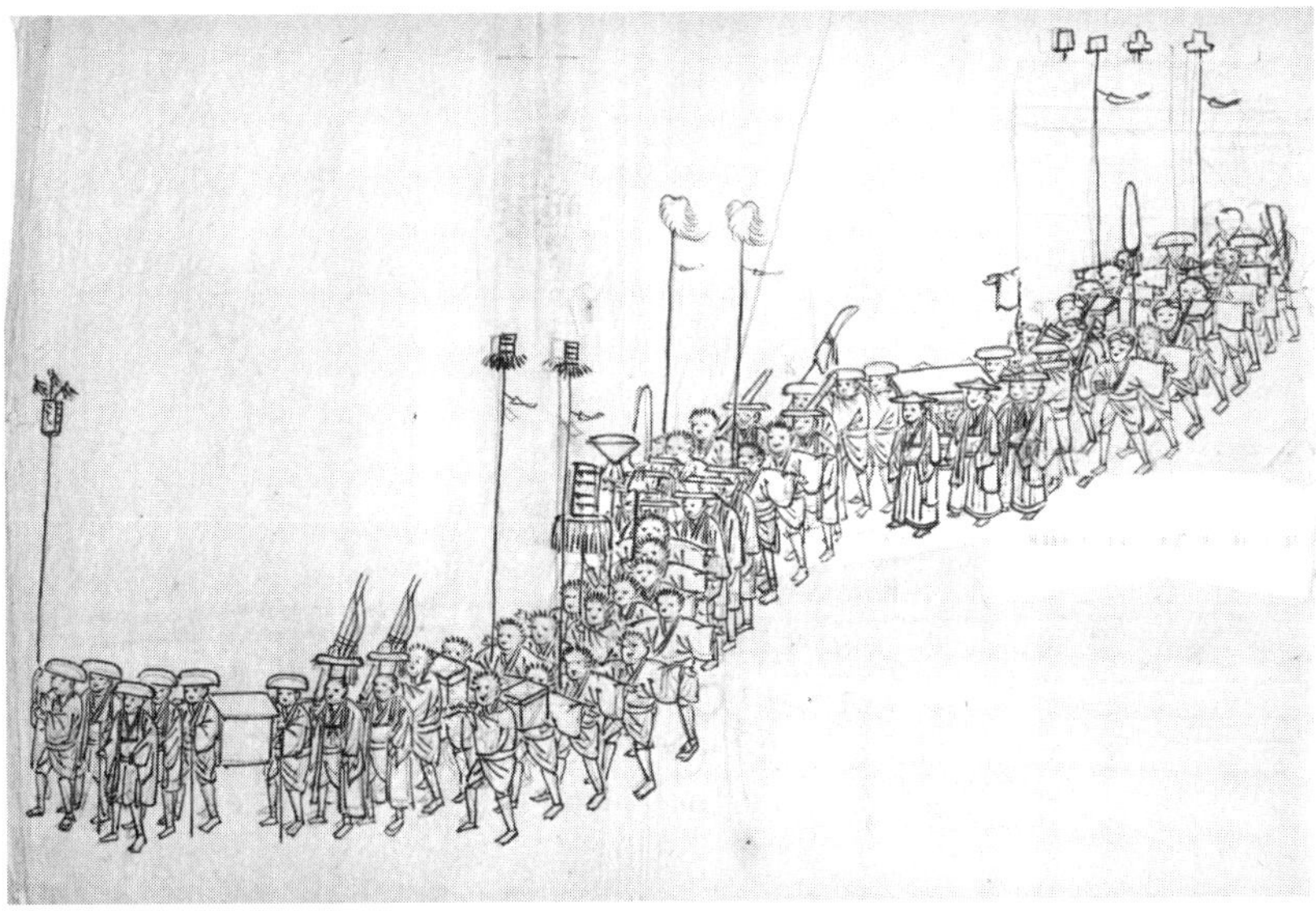
大名行列　澤梅谷画　明治20年頃　澤俊明所蔵

◉明治二十一年（一八八八）
陰祭
五月二日市原神社祭礼各年の処、例祭扣年《ひかえどし》には各町協議の上神事執行する事。この年は各町より始めてに付き、角力・神楽にて執行す。
「市原神社永代録」

◉明治二十二年（一八八九）
御輿行列
同年四月祭礼行列左の通り
　寺横町
　末　町
御輿行列左の通り
天狗面　壱人
御幟　八人
鉾持　弐人
太鼓　六人
御弓　弐人
建板　壱人
袋弓　壱人
御輿　八人
御輿台　壱人

二十年御祭典の通り元刈谷村広道より西組北野社於いて、御休息市原神社御輿御返り相成り候事。

同年同祭典各町手踊り人形、緒川町角力、元刈谷獅子奉納大賑わい候事。

同年同祭典末町オンガク奉納の事。

「市原稲荷神社細明記」

祭礼行列

四月祭礼行列左の通り

寺横町・末町

一、先拂　二、元刈谷村神馬　三、天狗面　四、御幟　五、釼鉾《けんほこ》　六、太鼓　七、御弓　八、建板　九、袋弓　十、音楽・御輿　十一、釼持　十二、御輿台　十三、神官　十四、氏子総代　十五、各町総代

明治二十二年四月より音楽末町より執行（他より御輿付き申し出候それも末町へ相談の上執行の約定）

「市原神社永代録」

元刈谷村獅子舞奉納

明治二十二年旧四月二日郷社市原神社御祭典に付き、例年の通り当町始め元刈谷村御輿御巡幸これ有り、北野神社御休息各町手踊り・子供角力、末町若い者音楽奉納、元刈谷村有志者、西南両組より獅子奉納大賑い相成り候事。

「刈谷町地暦更記」

◉明治二十六年（一八九三）
市原町花車差し戻され十七日休祭

五月十七日旧四月二日に当る、市原神社御本祭礼本町・肴町・正木町・新町花車差し出し、末町・寺横町例年の通り勤められ、市原町休祭の処杉本米蔵車五ヶ町へ仲裁に参り、市原町十六日夜に我がままに祭礼致し花車差し出し候事。

明十七日晴天に、市原町花車午前六時頃に鳥居先引き出し相勤め候に付き、警察差し戻しに相成り、休祭致せられ候。

末町御輿御向かいに午前十時頃に参り、午前十一時に御輿御立《おたち》相成り。各町元刈谷村へ御巡行相成り候。車町五町は例年の通り、元中根町宍戸前出合いにて南横町より肴町鬼頭華七前にて待ち合わせ、御輿御通行相成り。後に緒川町上がり市原町参り市原町々内は、末町始め各車町囃子御休み通行の事。市原神社緒川町角力大賑敷き相勤め候事。

「刈谷町地暦更記」

◉明治二十八年（一八九五）四月二十五日・二十六日

各町の出し物

同年四月廿五日例年の通り御祭礼相勤め候事。

同月二十六日本楽

花車　本町・中町・肴町・新町・正木町

警固　寺横町・末町

御神楽　中根町

御神酒　元中根町・葭池町

花火　市原町

御神馬　元刈谷村

右例年の通り御輿御巡行相成り候事。

長刀　石原両平

太刀　塚本庄助

御輿御刀　杉本鍬五郎

右の通り新寄付候事。

「市原稲荷神社細明記」

市原神社・秋葉神社幟立て順番

市原神社並びに秋葉神社両社幟立て順番

明治三十年四月　本町　六月　中町

明治三十一年四月　末町　六月　寺横町

明治三十二年四月　肴町　六月　新町

明治三十三年四月　正木町　六月　市原町

明治三十四年四月　緒川町　六月　中根町

明治三十五年四月　葭池町　六月　元中根町

「市原稲荷神社細明記」

◉明治三十年（一八九七）旧四月一日・三日

二日雨天延期

一、明治三十年四月祭典四月一日無事に神事相済み。二日は雨天延期、三日晴天より雷気にて所々にて雨天有り、御輿雨天の内にて祭典相済み。

一、御神燈灯燈四張　服部岩吉・服部安吉

神事執行順席

宵《よい》神事午後四時祓《はらえ》場所進行す、神宮、氏子惣代、会計、営繕、前烈町村長、楽人、乙女右終って神殿進行す。

二日本楽午前七時祓式所に進行、片側神宮並び氏子惣代当番元刈谷村氏子総代、会計、営繕、末町総代世話人裃着、徒士羽織袴着、前側には町長、元谷村村長、当町役場員、元刈谷村役場員、音楽人、乙女、唐子獅子、奴殿様、町総代祓式終って神殿へ進行す。神前へ着席祭主開扇《かいせん》一同敬礼、献供奉幣《けんきょうほうへい》此の間音楽終って、祭主祝詞《のりと》献楽神楽《かぐら》乙女舞終わって、玉串退席御神酒町村長、役場員、氏子総代、会計、営繕、末町総代裃着。其の他一同元刈谷村御宝物持裃着酌《しゃく》。

一、神官音楽人御神酒右仝断酌《しゃく》する事。

「市原稲荷神社細明記」

大名行列　水路は明治用水、後方は東海道線。　明治 30 年頃　現在の南桜町で

◉明治三十八年（一九〇五）

桜町開かれる

明治参拾八年五月五日・六日市原稲荷神社祭礼五日天気

同年に当駅ステンシヤン町開き桜町と改め神酒灯明斗にて町開の事。

「市原稲荷神社細明記」

◉明治四十年（一九〇七）

警護の帯新調

明治四十年旧四月祭礼に警護の帯を新調す。木綿は内藤台七郎にて求む。染工は重原村の紺屋《こんや》なり。木綿を買いし反数は三反半

世話人　鈴木興曽吉

渡辺源左衛門

吉田寅之助

柴田庄太郎

御宿　鈴木儀右衛門

「寺横町御祭禮清算帳」

祭典五月二日に変更

明治四十一年より刈谷町大字刈谷郷社市原稲荷神社祭典、太陽暦五月二日改正候事。

「市原稲荷神社細明記」

◉明治四十二年（一九〇九）

祭礼新暦四月一日・二日に改正

当年旧四月祭礼は電話開通都合上、新暦四月一日・二日に執行と相成り、宿別れ三月拾参日に早まり申し候。
〆打ち次宿に於いて三月十六日に行い申し候。

御宿　柴田庄太郎

「寺横町御祭禮清算帳」

四月一日・二日大祭

四月一日

市原神社大祭

氏子総代一同午前正七時出社。午前八時頃神官来着、次いで供進使・町長休息所（市原町加藤作三郎氏宅を拝借）へ来着せらる。午前十時供進使・神官・町長・氏子総代一同休息所を発し祓戸《はらえど》へ入り祓式を終わり、幄舎《あくしゃ》に着し斎主御開扉《かいせん》に次いで献饌《けんせん》ありて、斉主祝詞《のりと》を棒読みし供進使・斉主玉串を捧げ次いて、献饌を徹し御閉扉《へいせん》一同退社休息所にて会食を呈《さしだ》す。

右祭式終って有志者よりの献供《けんきょう》品を社司神前に献ず。当日末町よりの大和楽寄付奉楽ありたり。当日市原町は境内にて余典万歳を挙行す。当番二名社務所に宿直し篝火《かがりび》を焚《た》く。

四月二日

市原神社大祭

午前七時氏子総代一同出社。午前八時獅子警固神輿奉迎《ほうげい》の為、来社。午前九時祭式執行十台の献饌をなし社司祭文を棒読みし徹饌《てっせん》終って、各有志者よりの献贈品を供え、社司御正殿より御魂《みたま》を御神輿に遷《うつ》し奉り、午前十時神輿御発社神官二名氏子総代・当番二名獅子警固其の他有志供奉す。

正午十二時各町山車境内に入り整列し、緒川町は相撲・市原町万歳・中根町神楽を挙行す。午後五時神輿御帰社、社司御魂《みたま》を正殿に遷《うつ》し奉り獅子警固退社。続いて各町山車退社す。時に六時朝より夜間に至る迄篝火を焚き当番二名宿直す。当日も末町の寄附に依る大和楽の奉楽ありたり。

「市原稲荷神社社務日誌」

◉明治四十四年（一九一一）

殿様御籠より御降りる

四十四年五月一日天気、例年の通り夜神事相勤る候事。但し新町・正木町両町・末町祭礼宿着届け致さず二町車通り越に付き、末町より本町へ申し込み相成り。本町外肴町・中町三町よりの掛け合い済む迄夜明け候事。

二日天気、例年通り花車・獅子・ヤッコ・角力・芝居御座候。市原神社境内大賑い致し候付きて、其の芝草商世話方と植木屋商と色々入り込み候に付き、正木町都築国蔵と乗り入込み中に寺横町通りかかり殿様御籠にかかり殿様御籠より御降り国蔵寺横町外人の者より参り種々打たたかり相済み候。其の外見物人大賑い致し候事。

但し神前の儀神官掌《つかさど》る二人郡長代り町長名代として石川房治殿神饌《しんせん》幣《へい》を奉幣《ほうへい》致され候事。


「市原稲荷神社細明記」

祭礼五月一日・二日

例祭日変更

従来五月二日に供進使《きょうしんし》御参向《ごさんこう》の処、当日は繁劇《はんげき》を来たし其が為、疎略《そりゃく》に流れ敬意を失する等の事ありては誠に惣縮《そうしゅく》し至るに付き、本年よりは供進使御参向は五月一日に変更致し候。

例祭五月二日の処、今年五月一日に愛知県知事澤野一三殿の許可を経て執行せり。

本年は本祭に付き、各町神輿渡御（五月二日）花車其の他先例の通り祭典執行す。

但し供進使いは五月一日に御参向の事。


「市原神社永代録」

「三河國碧海郡刈谷町　市原神社」絵葉書　左：木製の鳥居　正面：拝殿　右：神楽殿
大正２年11月に新しく石製の鳥居を宍戸俊治奉建。　明治44年頃　名古屋市博物館所蔵

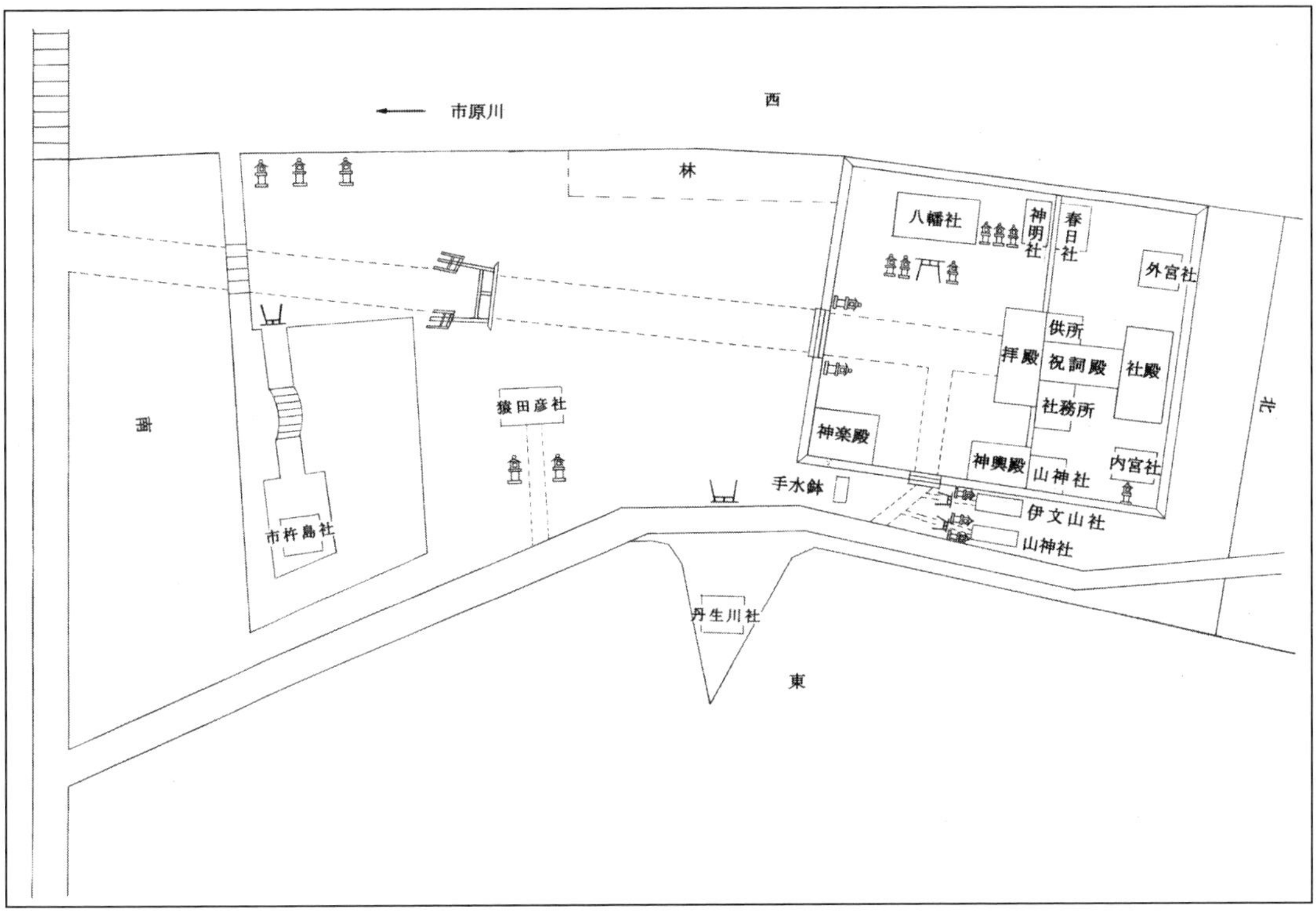

明治の市原稲荷神社　社殿・祝詞殿・拝殿明治19年竣工する。
「市原稲荷神社細細記」より作図著者

「三河國碧海郡刈谷町　市原神社之祭禮」絵葉書　当時は電線がなく吹流しを高く設置する。
本町・中町・肴町・新町・正木町の花車、左：正木町がこれから整列する所、現在の市原ポンプ場付近、右端に鳥居の笠木が見える。　明治43年頃　市原稲荷神社で　名古屋市博物館所蔵

五、大正時代

神輿御旅の儀を例年は、元刈谷西組天神社（現在の元町三丁目）を巡行していたが、大正二年十月十二日に天神社は南組天王ノ宮（現在の本刈谷神社内）へ併合されて、今年は中止を申し入れたが、元刈谷氏子総代より天王ノ宮へ渡御御旅の願いがあり天王ノ宮へ御旅となる。末町は獅子、寺横町は奴、花車は本町・中町・肴町・新町・正木町、元中根町は角力、緒川町は打ち揚げ花火、市原町は神楽、中根町は棒の手を行い近年なき大賑わいとなる。天皇陛下御即位御大典は大正四年十一月十七日、奴行列が知立神社へ参詣する。十一月二十五日の御大典御即位御祝では、寺横町奴行列・雨乞い礼踊り、葭池町松竹梅車に万歳踊り、他町は手踊り（御大典踊り）を行う。

桜町は明治三十八年にできて以来、大正四年に御神酒・燈明、大正十四年には栄町・葭池町も御神酒・燈明を奉納する。

この時代の行列は、[獅子末町]←[神輿]←[大名行列寺横町]←[山車]（本町・肴町・中町・新町・正木町）と連なって行なう。

本町は山車の経費が多くかかるので、大正十五年（一九二六）に他へ売却する。この事で四月十日世話人集会を開き、本町は宮元の資格は失うが、協議の結果今まで通り宮元としてお付き合いをすることに決まる。余興は他の物で代用する。

◉大正二年（一九一三）
天皇陛下諒闇《りょうあん》中余興御遠慮

大正貮年五月一日・二日　当町氏神祭礼当日の処諒闇《りょうあん》中に付き、（天皇御一周年以内の為）祭礼余興御遠慮申し上げ候事に各町決議相成り。神事の執行だけ御輿の御出ましあり、各町弐名宛の御輿御供仕り候。当寺横町梵天にて御先払い仕り候。末町も梵天御供無事執行す。但し本年は寺横町・末町共梵天にて御供致す事に相定め、獅子は御輿の宝物として拘《かか》わり持ち廻り候。

「寺横町御祭禮清算帳」

◉大正三年（一九一四）
皇太后陛下崩御《ほうぎょ》

五月二日市原稲荷神社祭典は御大喪《ごたいそう》に付き、一日・二日両日御遠慮本祭り式斗りの事。

「市原稲荷神社細明記」

◉大正四年（一九一五）
御輿雨の為秋葉神社で一夜を明かす
元刈谷南天王宮へ渡御

市原神社御祭礼
新楽　晴天　無事終了。

郵便はがき

料金受取人払郵便

名古屋中局
承認

8737

差出有効期間
平成28年6月
30日まで

460-8790

102

名古屋市中区上前津
2-9-14 久野ビル

風媒社 行

注文書◉このはがきを小社刊行書のご注文にご利用ください。

書　名	部数

郵便振替同封でお送りします（送料無料）

風媒社 愛読者カード

書　名

本書に対するご感想、今後の出版物についての企画、そのほか

お名前　　　　　　　　　　　　　　　　（　　　歳）

ご住所（〒　　　　　　　　）

お求めの書店名

本書を何でお知りになりましたか

①書店で見て　②知人にすすめられて
③書評を見て（紙・誌名　　　　　　　　　　）
④広告を見て（紙・誌名　　　　　　　　　　）
⑤そのほか（　　　　　　　　　　）

＊図書目録の送付希望　□する　□しない
＊このカードを送ったことが　□ある　□ない

本楽　五月二日午前八時、市原神社より御輿を迎へ各町渡御十時三十分秋葉神社に仮御旅、中食中朝来の曇天遂に雨となり各車町は各自町内へ帰還す。最も雨もあまり大降にてはなかりし故、若《も》し午後二時迄に雨止めば祭事執行の事に各町相談の上取り決めし所、午後二時に至るも遂に止まず延期となり、御輿は秋葉神社御拝殿にて御旅となり徹夜、氏子総代（営繕係・会計係）にて守護かがり火を焚き厳重に守る。折柄午後十一時頃降りしきりし雨はくまなく晴れ、旧三月十九日の月は御旅所の境内を照らして清し。
五月三日　晴天　本楽祭事執行。午前十一時三十分御旅所より御輿を迎へ昨日残りの町々を巡り、午後二時元刈谷南天王ノ宮に渡御三時頃迄休憩、それより御帰還の途に付き、午後六時神社に御輿を納め奉り、本楽の祭典無事終了。車町の町内へ引き取りしは夜半正十二時なりし。
付記
本年市原神社祭典に付き、御輿元刈谷へ渡御の儀に付き、元刈谷氏子総代より申し込みこれ有り。本年は西組天神社も南組天王ノ宮へ併合せられし為、例年の通り天神社に御輿御旅の儀もなり難《がた》く、又天王ノ宮も御道筋不潔にて渡御の儀に就ては却って、御輿に対し不敬に当る様に思われ候故。本年は元刈谷広道南端までにて御旅なく、御帰還相成る様申し出《いで》これ有り候故。各町集会の上相談致し候所。今迄元刈谷へ渡御の節は天神社に御旅と定まり居る物故。天神社併合せらしならば天王ノ宮迄参り、御旅の上御帰還相成るなれば宜しけれ共、村はずれより其のまま御帰還に付きては、故例にも、もどり却って御輿に不敬と相成る事と思われ候に付き、遺憾ながら元刈谷へ御輿渡御の儀は、本年より取り止める事に相談一決。この旨刈谷氏子総代より元刈谷氏子総代へ返事致し候所。四月廿五日に返事これ有り、天王ノ宮へ渡御御旅の上御帰還の儀を願い出候に付き、本年は天王ノ宮に御旅と相成り候。

「寺横町御祭禮清算帳」

二日雨天の為御輿秋葉神社で泊まる

五月一日郷社市原稲荷神社例年の通り祭典の事。
同二日例年の通り御祭典式執行これ有り候て、終って御輿御巡幸末町秋葉神社にて御旅中に雨降りに相成り、天保八年頃より二度目の一日御輿御滞在相成り、その夜かかり火相備え候事。
同三日例年の通り、御輿御廻幸遊ばされ獅子、奴、花車本町・中町・肴町・新町・正木町、元中根町角力、緒川町打ち揚げ花火、市原町神楽、中根町捕棒の手野田、近年なき大賑い致し候事。

「市原稲荷神社細明記」

天皇陛下御即位御大典・奴行列知立神社へ参詣

大正四年十一月十日より仝二十五日迄余興執行す。最も十一月十七日余興として警護執行（大名行列）非常の大当り。奴行列にて知立神社へ参詣す。当日は池鯉鮒神社氏子総代及び知立町区長、各町舎員《しゃいん》等出向かいにて知立行三河鉄道汽車にて乗り込む。此当時三河鉄道の開通。（十月二十八日刈谷新駅～知立駅開通）

「寺横町御祭禮清算帳」

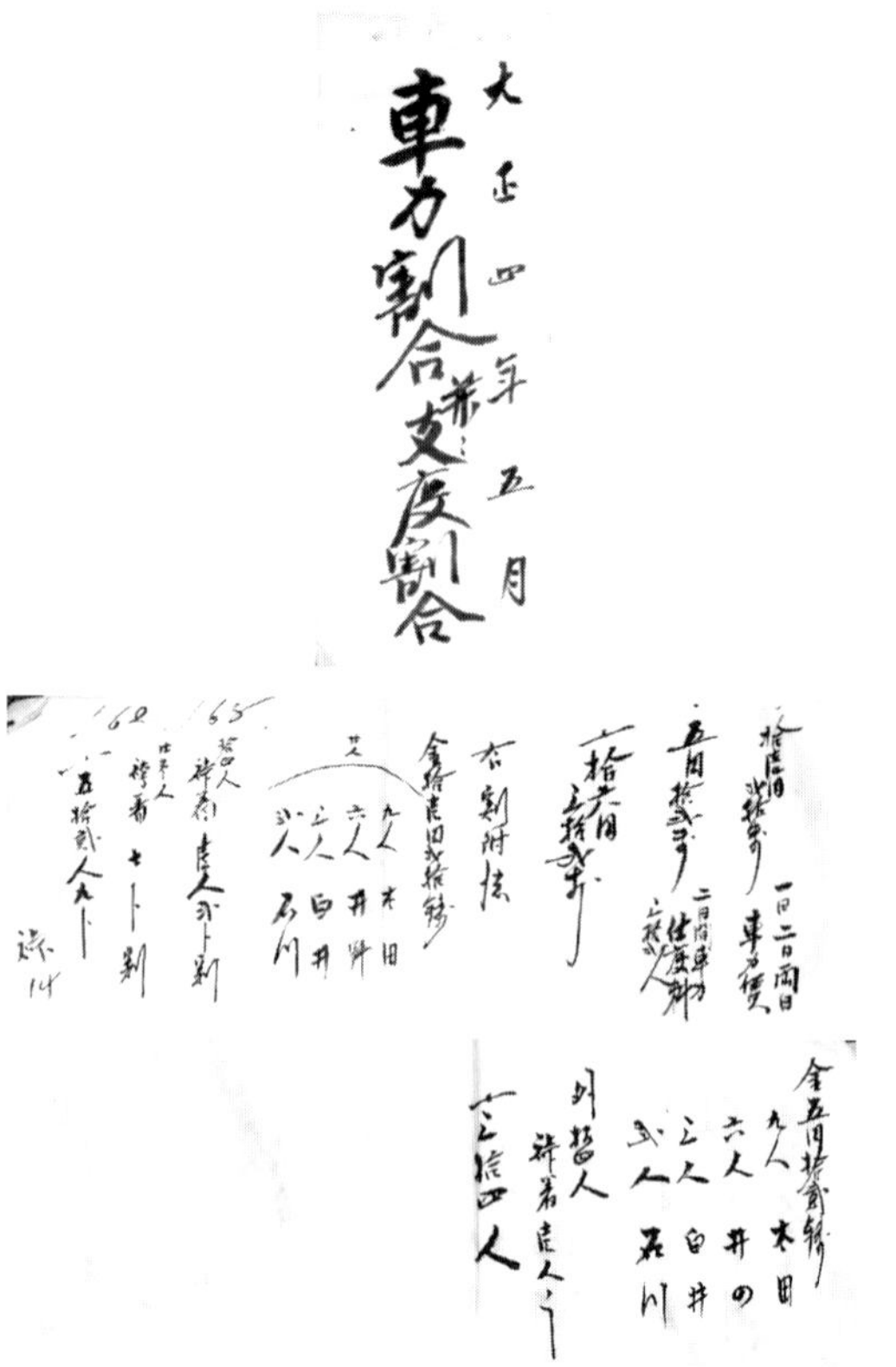

「本町車力割合並支度割合」
大正４年５月　小澤正一所蔵

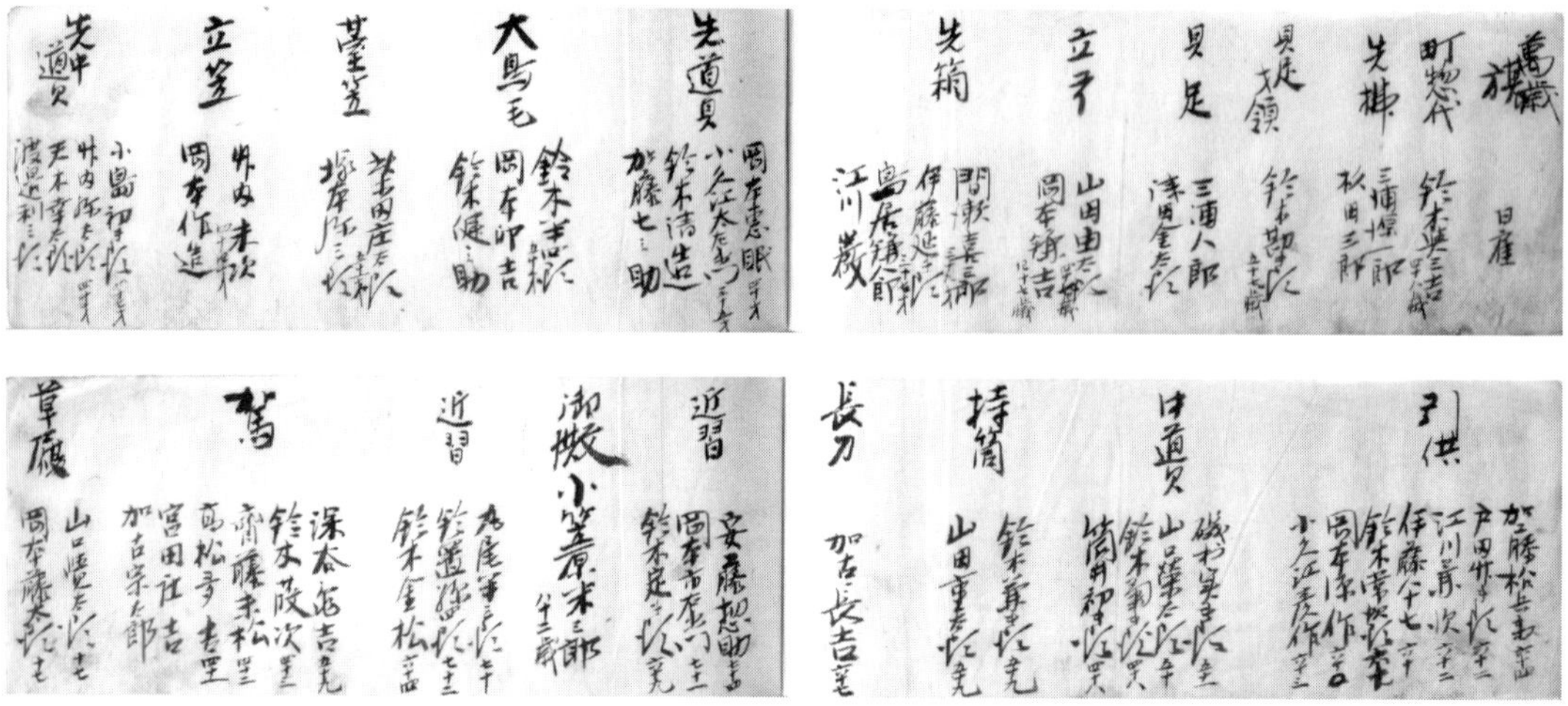

御大典記念寺横町大名行列役割　大正４年 11 月 17 日　「寺横町御祭禮精算帳」　寺横町所蔵

◉大正六年（一九一七）

葭池町・桜町御神酒燈明

五月一日例年の通り夜神事、二日本神事。御輿事なく相巡幸、寺横町・末町奴獅子警固、本町・中町・肴町・新町・正木町花車・元中根町（囃子車）、市原町芝居、緒川町角力、元刈谷馬壱疋、葭池町・桜町御神酒燈明、中根町御神楽奉納御賑敷き候事。

「市原稲荷神社細明記」

※『刈谷町誌』華車―本町・中町・肴町・新町・正木町、囃車―元中根町、神楽奉納―中根町、神酒奉納―葭池町・桜町、角力奉納―緒川町、狂言奉納―市原町

◉大正八年（一九一九）

竹田宮殿下葬儀の為町引き中止

五月祭礼執行

四月三十日の町引きは、竹田宮殿下葬儀当日に付き遠慮申し上げ、山車引き廻しの儀は取り止めと相成り候。当日雨天五月一日新楽午前晴天午後は曇天。

二日雨天に付き延期す。

三日本楽西風晴れ、午後三時御輿市原へ御着の頃より西風雨来したる為、三、四十分休憩小止となりて行列を進む。終了午後六時。

「寺横町御祭禮清算帳」

大名行列　手前の子供が殿様裃着、奴衣裳の袖が三角で西尾の大名行列と似ている。
大正８年　　松秀寺で

◉大正十年（一九二一）

御輿刈谷・元刈谷巡幸

五月一日午前十時より郷社市原稲荷神社例年の通り、奉幣本祭式に付き、郡長・区長・町長・各町の氏子総代・元刈谷区長・氏子総代参拝候事。

二日神前にて祭典式終って、御輿例年の通り刈谷・元刈谷御巡廻候事。

「市原稲荷神社細明記」

◉大正十二年（一九二三）

御輿修繕・本楽雨天に付き延期

市原神社御輿修繕及び供衣裳幟新調

旧三月初め氏子総代より御輿並びに衣裳大破に付き、修繕の儀申し出有り。各町集会協議の上修繕の事に決定。

寺横町割合二十円九十七銭

市原神社御祭礼

新楽旧四月一日　午前曇天正午頃より降雨となりしに付き、各町協議の結果警護町は、未だ半分位廻りし位なりしもこれにて新楽は済ましたる事となり。車町内は明日廻らぬ分を、朝の内に廻りし上市原神社へ引き入る事に決定。

旧四月二日　雨天に付き本楽延引。

本楽旧四月三日　晴天昨日は雨天にて延引せしに付き本日執行。朝の内は曇天《どんてん》なりしも追々晴れ模様となり、十時頃より晴天となり午後も好日和《こうびより》の為、大いに賑ふ。本年は元刈谷御輿付きの馬出《い》でず平穏無事に終了。

世話人　岡本数右衛門

岡本寅吉

伊藤延次郎

小久江太左衛門

「寺横町御祭禮清算帳」

新楽・本楽共雨十八日に延期

市原神社祭礼記　大正十二年五月十六日・十七日

五月十六日新楽の際学校前にて大雨となりし為、直ちに一番本町の発言にて学校に於いて、本町集会を開き、車町は直ちに各自町内引取り警護町に伝達をなし、松秀寺にて午後三時頃より余興町の集会を開く。集会の結果警護町のみは、本楽の神輿御向かいに時間を要する為、新楽の今だ廻らない所は中止の事となし、車町は午後七時までに、中町に新楽の正反対に東向きに東より、本町・中町の順序に並び七時出発、末町、新町を通り中町を千歳に入り寺横町を通り肴町を経て正木町へ上がり、元中根を通り裏町を経て三河鉄道停車場通りと裏町との角（加藤伊之吉宅前）より北向きに一番・二番の順序に並び、それより揃って本楽の位置に着く。以後は本楽と同様に行うとの決議をなし解散。十七日雨天の為、十八日決議の通り行いたり。但し前例に無き為記録す。

「中町記録帳」

寺横町大名行列稽古上がりの様子（大鳥毛は稲わらで代用）大正 12 年
現在の榊原病院西側で

◉ **大正十四年（一九二五）**

試楽（新楽）正午より雨天予定変更

旧暦四月一日・二日　新暦四月二十三日・二十四日
四月二十三日試楽、正午より雨天に付き、亀城学校前より車引返し世話人車町及警護町だけ公会堂に於いて、臨時集会相談の結果翌日八時までに、亀城校前該《その》位置に集合本日の残り済し続いて新町集合点より引返し、例年の通り本楽に移る事に議決散会。
四月二十四日晴天、学校前試楽正午の位置に集合。例年試楽の時の順序に車新町まで、それより末町、中町札の辻を経て本楽集合の位置につき引き続き、例年本楽の通り市原神社に引き込み夜に入りて、例の通り緒川町を通り引き分れしたり。以上

「中町記録帳」

末町一時間半余り遅刻

市原町神社祭礼　新楽旧四月一日、午前曇天正午頃より降雨となりしに付き、各町協議の結果警護町は未だ半分位廻りし位なりしもこれにて新楽は済ましたる事となり、車町内は明日廻らぬ分を朝の内に廻りし上市原稲荷神社へ引き入る事に決定。

旧四月二日、本楽は晴天にて無事に執行す。

旧四月一日、新楽朝より曇天にて当町氏子は心配して車町は早朝より中町に集合す。寺横町奴も時遅しと中町に参集して見れば、未だ末町は参集せずのみならず、本町一番より度々《たびたび》の催促にも耳をかた

むけず、一時間半余りの遅刻をなしようやく到着す。ここに、面白《おもしろ》き変事は、末町遅刻の上来るや否や、梵天を中町の車を乗り越えて行きしは、実に祭礼の規定を破りしものとす。末町は速ちに引き返す。寺横町は無事昼食をすまし午後集合し速ちに松秀寺に至るや大雨と変ず、依って寺に入りて雨の止むのを待つこと、二時間未だやまずやむなく町内に引き入る。警護町は雨にあひし時は、その場より引き返して解散しても、其の日の行程は無事に通過せしものと認められて居る。それに本年新町が宿の届けが無いと申込んで来たのは実に規定を忘却してのことか不都合千万《せんばん》の至りである。旧四月二日は晴天にて予定の通り挙行す。

「寺横町御祭禮清算帳」

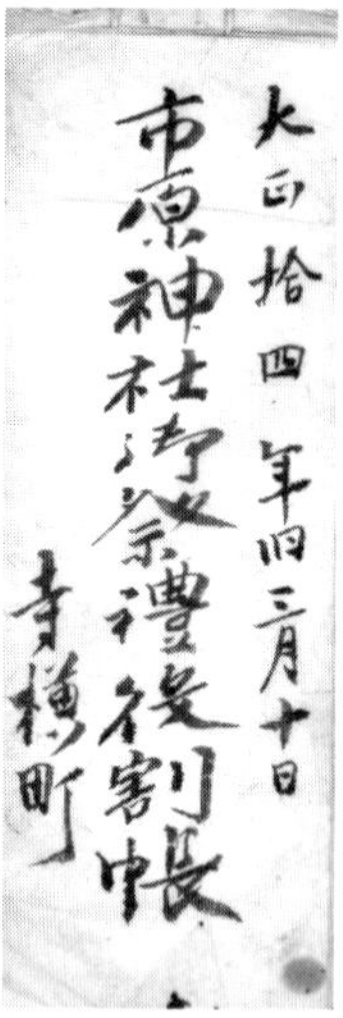

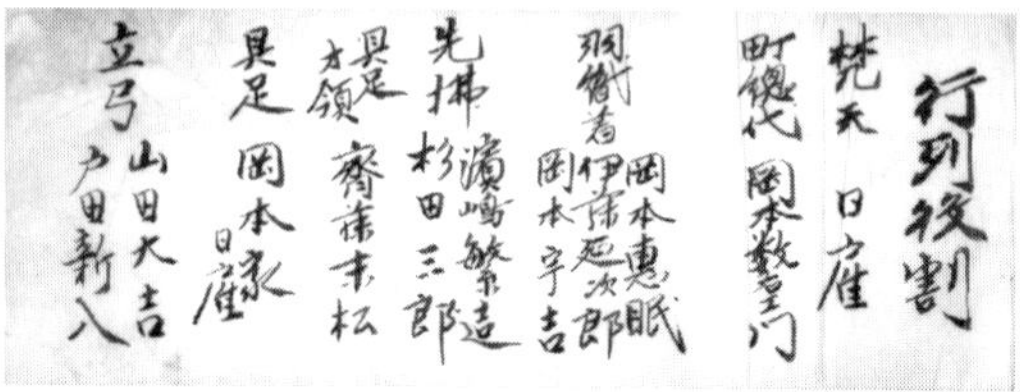

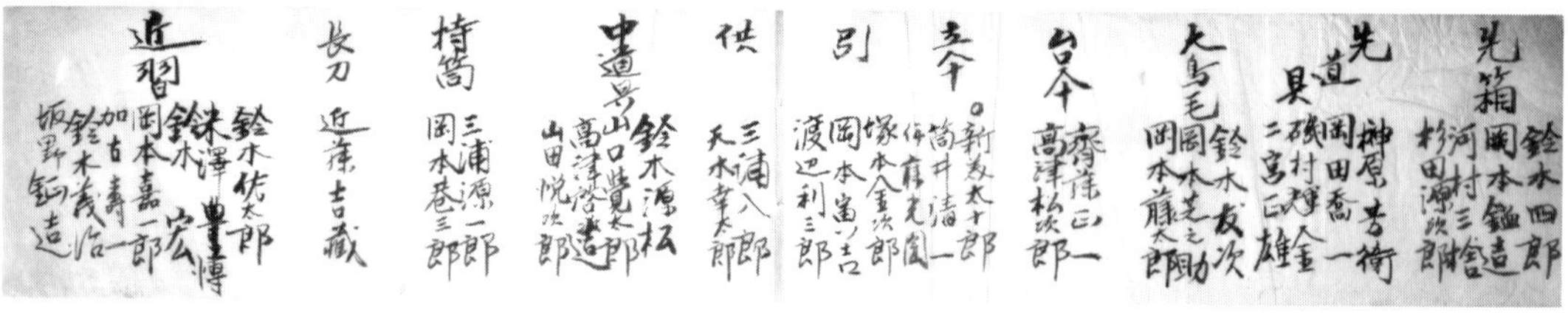

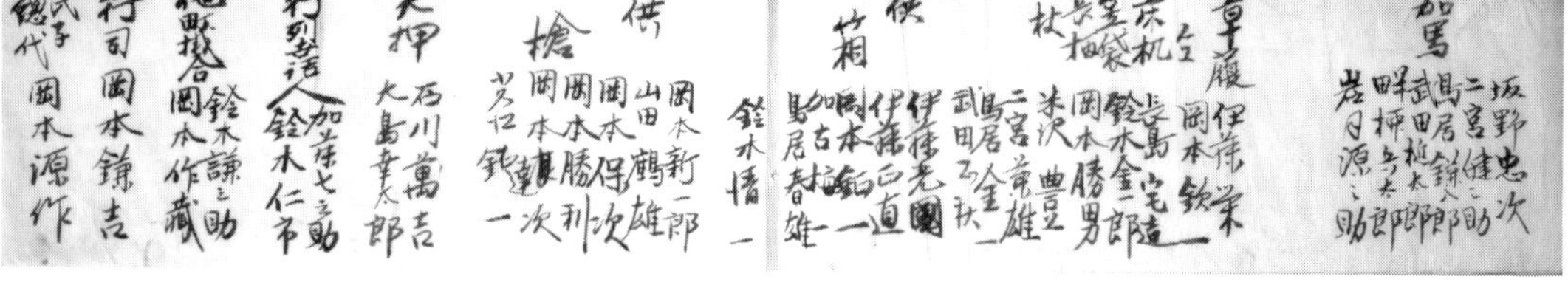

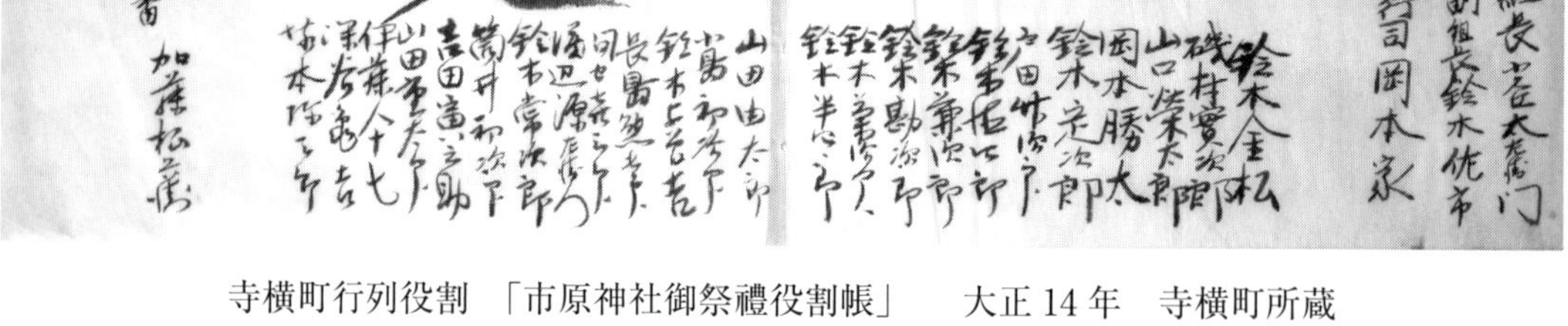

寺横町行列役割　「市原神社御祭禮役割帳」　大正 14 年　寺横町所蔵

栄町・桜町・葭池町神酒燈明

四月二十三日・二十四日、旧四月一日・二日当る。郷社市原稲荷神社例年の通り難無く相勤め候事。付いては旭通り栄町開き（尤も十三年町開き）桜町同様葭池町神酒燈明の事。未《ひつじ》の生年人堀ぬき井戸献納、申《さる》の生年人参拝献納す。市原町狂言、元中根町・中根町揚火献納候事。近年無き大賑い致し候事。

「市原稲荷神社細明記」

旭通り…現在の警察署北交差点から境川橋までの名称（現在の広小路通り）。大正十四年から昭和二十年頃まで呼ばれる。

本町の山車　大正 14 年頃　本町通りで

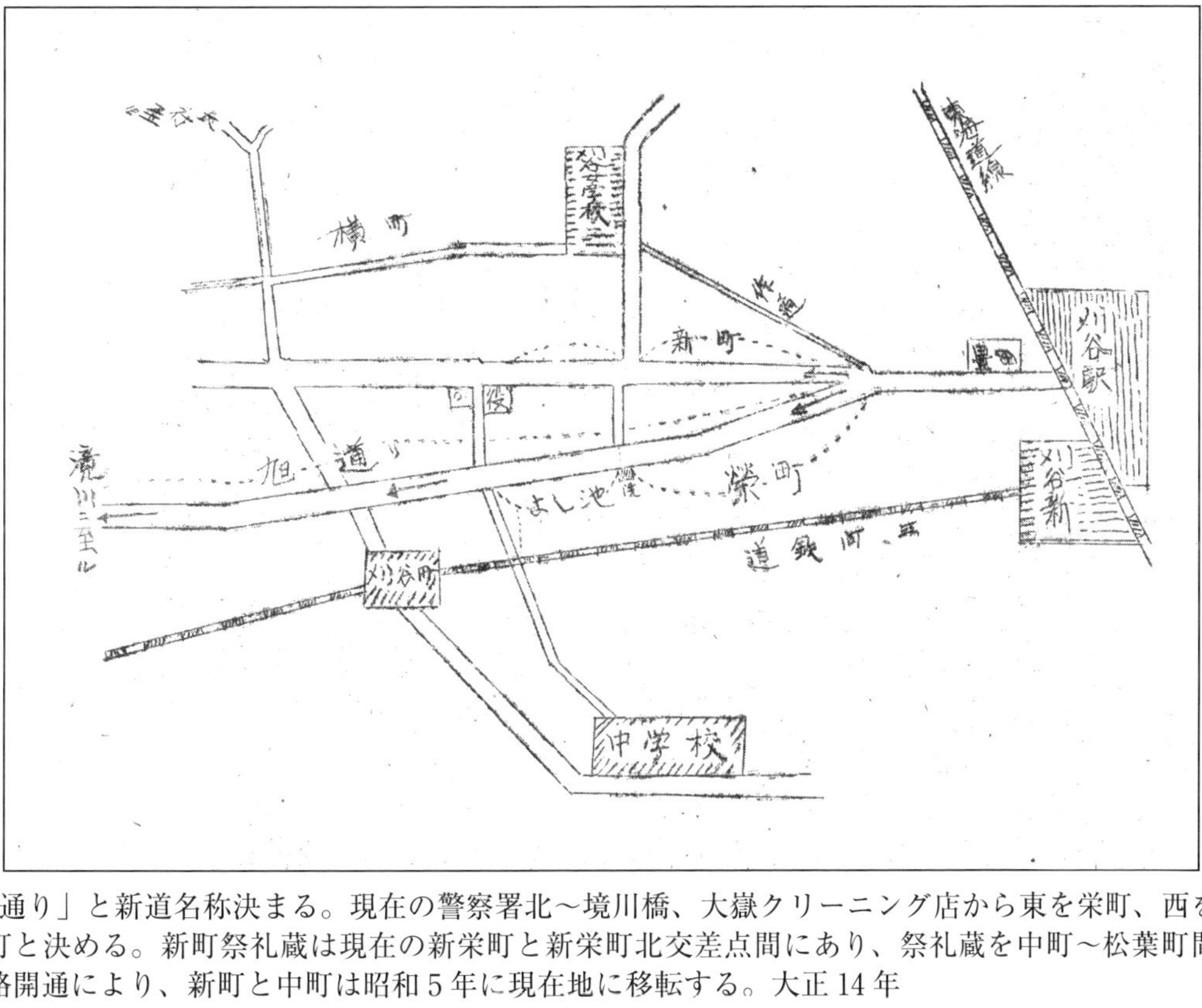

「旭通り」と新道名称決まる。現在の警察署北～境川橋、大嶽クリーニング店から東を栄町、西を葭池町と決める。新町祭礼蔵は現在の新栄町と新栄町北交差点間にあり、祭礼蔵を中町～松葉町間の道路開通により、新町と中町は昭和 5 年に現在地に移転する。大正 14 年

◉ 大正十五年（一九二六）
本町山車を売却

四月十日　世話人集会の結果

再来の四月市原祭礼日取りを、四月十五日に改定すべき事を議決す。

本町は再来四月本祭礼には、祭車曳引《えいいん》せしなれも該《その》町都合ありて山車を他へ売却せられしを以て不埒《ふらち》止め。他の余興を以てお付き合いせらるるを以て、従って宮元の資格を辞任さる。各町は是を略《ほぼ》認む。

只今後も触元たる事は今まで通り取り扱い貰《もら》うべく各町是を委任す。

四月十五日晴天、市原稲荷神社影祭執行なる。

余興　各町共同等級割分担。余興として、漫才芝居、各自町単独自費余興として、当町は景物付き投げ餅弐斗を奉納す。

「中町記録帳」

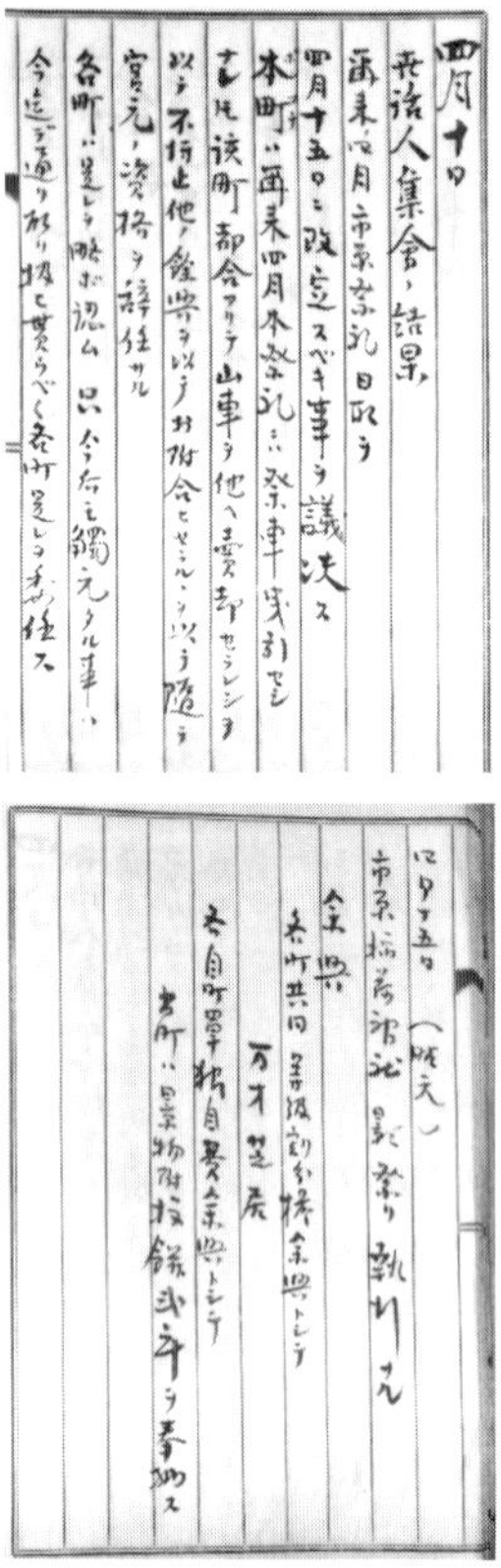

「中町記録帳」　大正 15 年 4 月 10 日・15 日　刈谷市教育委員会所蔵

本町お囃子稽古の様子　大正 14 年頃　米清旅館で

六、昭和時代

昭和初期は、神輿を迎えに寺横町から大名行列、末町《すそまち》（昭和六年七月末広町《すえひろまち》に改名）から獅子と共に市原稲荷神社まで迎えに行く。市原稲荷神社では、神輿渡御の前に神官により神輿の中に神を安置する「御霊遷し《みたまうつし》」の儀式が行われる。神幸祭は末町の獅子を先頭に、梵天・町総代・徒士二人・獅子・太鼓、神社から飾馬・大榊・天狗面・御弓二人・長刀・楯鉾《たてほこ》・旗二人・太刀《たち》・伶人《れいじん》二人・辛櫃《からびつ》・神輿・祭主・氏子総代の順に御旅所の秋葉神社（現在秋葉社）で休息をして町中を巡行する。町は一軒ごとに「献燈」の提灯を掲げて祭一色になる。

獅子→神輿→大名行列　花車（山車）（単独行動）

昭和から山車と大名行列とは時間の調整が付かずに山車は単独で巡行する。山車《だし》の呼び名は、『刈谷町庄屋留帳』と「中町記録帳」では車、地元では花車・華車と呼ばれていた。刈谷の花車は花（桜）飾りがあり、またお囃子に芸妓さんが三味線を奏でることから別名「女車《めぐるま》」と呼ばれ、半田などの激しい動きをする男性的な山車は「男車《おとこぐるま》」と地元では呼ばれていた。山車の名称があるのは、昭和八年の「中町記録帳」に記載がある。

祭礼日を昭和三年（一九二八）から五月一日・二日に変更、元刈谷行きの神輿天王社渡御を翌年から廃止する。昭和四年には、新町から分れた松葉町、中根町から分れた緑町が加わり高張提灯と御神酒を奉納して全十五町内（本町・中町・肴町・新町・寺横町・市原町・緒川町・元中根町・中根町・葭池町・末町・栄町・桜町・緑町・松葉町）となる。正木町は休祭。なお桜町は、昭和六年の祭礼で、花火を打ち上げたのを最後に市原稲荷神社とのお付き合いを止め、桜町の御霊神社で祭礼を行うようになる。

太平洋戦争が始まってからは、昭和十七年から昭和二十年までは、余興を縮小して大名行列・花車は中止となり相撲と神事を挙行する。

刈谷市制記念の昭和二十五年は陰祭の年ではあるが、大名行列と山車（中町・肴町・新町・正木町）を出して祝賀行事に参加する。

刈谷市制十周年記念の昭和三十五年に大名行列を行う予定でしたが、前年の伊勢湾台風により神社他多大なる被害があり中止と決まる。この年に大名行列保存会が発足をして会長に岡本円二氏が就任する。

市原稲荷神社の本殿を百五十年ぶりに造営する遷座祭が、昭和三十八年四月十三日・十四日の二日間行われ大名行列と山車（新町・正木町）が十三年ぶりに復活する。各町総代→大名行列→神輿渡御の順に町中を巡行、山車は別行動をとる。山車は昭和四十年に新栄町（前年に松葉町と合併して新町から新栄町に改名）が最後となる。

刈谷市制二十周年では大名行列に於大の方が加わる。刈谷市制三十五周年では姉妹都市協定結んでいる、ミササガ市長が参加をしてより一層花を添える事ができた。

● 昭和二年（一九二七）四月十五日

大正天皇御《ご》崩御《ほうぎょ》御《ご》諒闇中《りょうあんちゅう》に付き余興中止

本年は祭り年に相当しあれも、大正天皇御崩御御諒闇中の故を以て、余興一切差し控えたり。生憎《あいにく》当日雨天の為、御輿の渡御も御旅所迄にて、還御《かんぎょ》ありたり。

「中町記録帳」

● 昭和三年（一九二八）

祭礼日五月一日・二日決まる

昭和参年度市原神社祭礼期日永久五月一・二日に執行する事に各町協議の結果相取り定候也。

五月一日市原神社影祭は、餅投げ町内六ヶ町、八ヶ町は花火当日は午後一時頃より小雨降り候え共、取り急ぎ午後四時頃迄に興行相済まし候也。

「寺横町御祭禮清算帳」

● 昭和四年（一九二九）

新楽無く本楽一日のみ

昭和四年五月二日晴れ　午後十時頃より小雨

市原神社祭典

一、宮元　本町

一、車町・警護町は中町触れ元

一、車町順位は中町一番・肴町二番・新町三番

本年祭典余興に就いて集会す。十五町内協議の結果五月二日本楽に煙火余典を行う事に決議す。但し車町・警護町は例の余典なれば煙火は除く事。車町・警護町は別席にて再協議せし処、寺横町・正木町は町内集会の結果例の余興は止める事になって居り、外町も町内集会する必要あるので集会の結果を持ち寄るとして解散、其の後集会をす。中町・肴町・新町・末町は例年通り行う事に決定。正木町は再集会に付き否決。寺横町は再集会の結果可決せしとの通知あり。最後に車町・警護町と打ち合わせり。其の間車町としては再び会合して道順を協議せり。

最後の集会決議案

余興は五月二日、一日と定む。車町は試楽・本楽兼用して行う事。廻る道順は中町表屋様前に集合（元試楽の位置）午前七時集合八時出発、中町札ノ辻を寺横町に入る…千歳（前栽《せんざい》）を通り…裏町へ入る…永楽屋角より肴町坂を下り緒川町を通り市原町を経て市原神社に着き会食、午後は警護町済み次第出発中無燈にて、旭通りを通り大黒座前を経て元中根町へ入る。宝来屋角を…宍戸様前に着き夕食、ここにて火を入れて出発…南へ肴町を通り碧海銀行角を…中町へ入る。末町を経て新町へ入る…新町石橋（現在井戸君工業手前）の所にて火を入れ替えて、引き別れにする。但し警護町は本楽一日の為、神輿渡御の時間都合上、五月一日を試楽として車町だけを練り廻る事。車町は試楽を町引きとす。

右以上前例の無き為記録す。当日寺横町警護が余り練られた為、午後出発時間遠引き決議通り施行す。

世話人　石川八十二

田中数江

鈴木光次郎

酒井鉦之助

「中町記録帳」

今年より御輿元刈谷天王社渡御廃止

本年市原神社の御祭礼は新楽は廃止となり、本楽も一日のみと致して、従前よりの余興町内の以外の町内は全部煙火を打ち揚げ、当町は御輿の先供を致せしが、本年より元刈谷の天王社渡御は、廃止になり止めて刈谷のみと決定した。

五月一日は、稽古上りを本道具を持ってやり、新楽を兼ねて本町及び肴町の稲葉本家を廻り町内全部を細かく廻り、午後五時頃までに止めた。五月一日は、天気午前中は雨降りなりしが、午前十時頃より晴天となり安気に稽古上りを済ました。

五月二日本楽は、早朝より天気晴天にして一点の曇りもなく午前七時頃には全部集会所へ勢揃いなせしが、末町より出掛け言次遅く止《や》無得《むえ》ず。奴は先へ市原へ行きしが漸《ようや》くにして、午前十時頃になり末町が市原へ来たけれど其の為、式が非常に遅くなり市原神社御輿渡御が午前十一時頃参り、秋葉神社へ御輿渡御が午後一時となった。

行列の市原神社へ振れ込みが午後二時頃なりしが、本年は四年目の本祭りにて珍しい為に、非常なる大賑わいにて振れ込みに困難致して、町内の老人にても一寸記憶のなき程遅くなり町内集会へ午後七時三十分頃に帰った。しかし、本年は非常なる賑わいにて盛大に奴もなったが、幸いに何事もなく無事に終った。

昭和四年五月四日

旧世話人　岡本作蔵

天木孝太郎

鈴木源松

鈴木友治

「寺横町御祭禮清算帳」

中根町分轄「緑町」誕生

告　知

昭和四年二月二十三日の区評議委員会に於いて全会一致を以て左記の通り決定仕り候間、此の段告示候也。

旭通りの中心線を境界として、中根町を南北に分轄し北部を中根町とし南部を緑町と称す。

付記祭礼交際等も成るべく、此の区割りに拠るべきものとす。

刈谷町第一区長　澤　憲之助

大名行列　殿様：岡本嘉一郎《おかもとかいちろう》11歳　これから市原稲荷神社に向うところ。
昭和4年　市原町で（現在の司町6丁目付近）

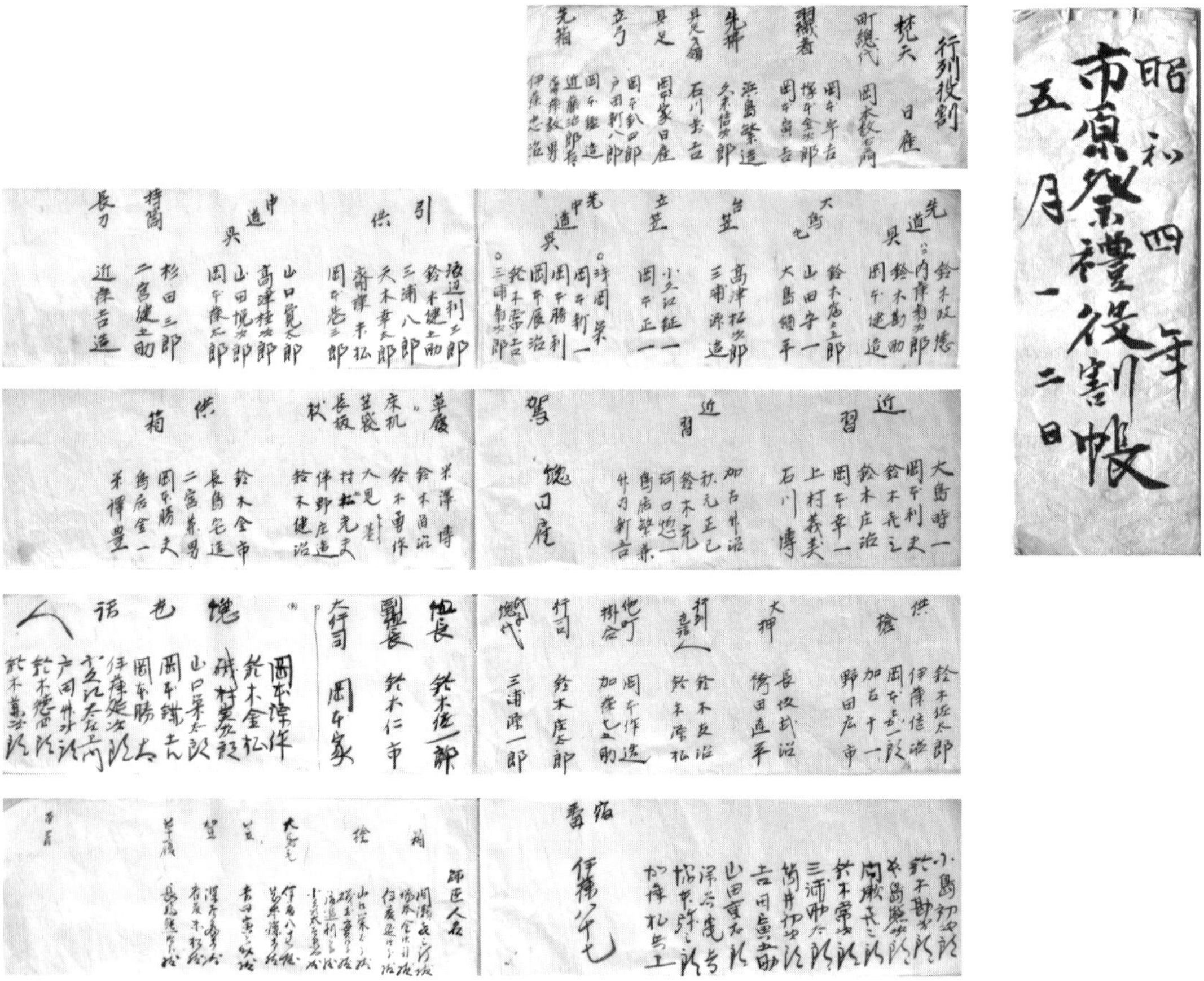

寺横町行列役割「市原祭禮役割帳」昭和4年　寺横町所蔵

松葉町・緑町が加わる

四月十八日御輿殿再築落成候事。
五月一日中町宮田兼吉釣籠燈一通《いっつう》寄付候事。
同日先例の通り郷社市原稲荷神社御祭礼、夜神事執行候事。
前年に本町花車売りなし。(「中町記録帳」では大正十五年に売却)
中町・肴町・新町・寺横町・末町警固、市原町・緒川町・本町・元中根町・中根町・葭池町・栄町・桜町・松葉町・緑町花火執行。正木町休祭大賑い致し候事。

「市原稲荷神社細明記」

◉昭和五年(一九三〇)
投餅・獅子・万歳・煙火

市原神社影祭　五月一日執行
各町を三分して投餅・獅子・万歳・煙火となし、本町は投餅組となる。午後より雨天となりしかとも執行なし、万歳は刈谷キネマ館にて行う。

「寺横町御祭禮清算帳」

刈谷キネマ館…広小路一丁目にあり、昭和十六年「刈谷東宝」から「刈谷劇場」と名前を変えて平成十二年九月二十四日に閉館。

◉昭和六年(一九三一)
寺横町新楽自由行動・本楽御輿警固

本年は四月二十八日に各町集会あり其の節、当寺横町は、新楽即ち五月一日は自由と決まり、本楽は御輿の供を例年通り致す事に定る。
車町は例年通り二日行い神酒・燈明の町内は花火・万歳・投餅を致す事になり。本町投餅・市原町万歳他は葭池町・栄町・緑町・桜町・中根町・緒川町・元中根町は花火五寸なれば十五玉、四寸なれば二十玉と定まり打ち上げを行う。
五月一日新楽の日
当寺横町は、当日は稽古上り及び新楽となし、午前中は正覚寺境内にて稽古をなし午後より町内を廻り後、本町太田様より本年は酒肴《しゅこう》料として金十五円下されし故、本町太田様前より正木町・肴町・中町・末町・新町を廻り町内に帰り午後三時無事終了。此日は、午前中雨模様なりしが、午後より快晴となり安気に面白く済む。
五月二日本楽
本日は日本晴れの好天気にて、集会場前へ早々より皆集まり八時頃勢揃いして出発せんと為《な》せしが、末町よりの言次ぎ遅き為、八時半末町を残して出発をなす。市原神社発十時半にて、例年通り岡本家酒肴を下されし故、御輿を止めて頂戴なし秋葉神社にて、中食となり午後三時市原へ入り、好天気なれば群集見物各所を埋め歩行も困難なる位にて、捗《はかど》らず東天より十五夜の月の出る頃無事に終了なす。

「寺横町御祭禮清算帳」

五月一日・二日例祭

「刈谷町郷社市原神社は一日、二日例祭を執行し供進使は縣知事代理で井野町長が奉仕し餘興は町内の少年を秋田出来守と稱し大名に仕立て行列を行ひ御輿渡御があり山車を四輌曳廻すと、なお當日は稲徳、石川、岡本諸氏発起で有志の賛同を得着工した玉垣一八〇間、工費四、〇〇〇圓を以て竣工した報告祭をも行ひ澤山の投餅があると。」

「新愛知」　昭和六年四月三十日付

末町獅子　昭和５年頃

殿様：岡本栄《おかもとさかえ》　裃着　拡大写真

大名行列　殿様：岡本栄《おかもとさかえ》７歳　奥が中瀬、左が船着き場と倉庫、市原稲荷神社から出てきたところ。　　昭和６年　市原町で

末町の獅子行列　左から町総代・梵天・唐子・獅子・太鼓と続く、後の神馬の銅像は明治15年生午同年会が奉納大正１１年建立、戦争の為金属回収で供出する。
昭和初期　市原稲荷神社で

新町の山車　昭和４年頃　新町通りで

◉**昭和七年（一九三二）五月二日　晴**

市原神社陰祭、煙火（登り三段早打拾本）打ち上げ。

「中町記録帳」

◉**昭和八年（一九三三）**

本楽午後から雨天の為予定を変更

五月一日　晴

市原神社祭礼試楽にて、例年通り中町に車町、一番中町・二番肴町・三番新町・四番正木町の順に並び、午前九時中町出発寺横町に入り、寺横町半分より中町千才（前栽《せんざい》）に入り集会所前及び千才（前栽）小路に一町内宛順次入りて中町を通り、肴町に入り下町より公会堂横より肴町え廻り正木町え上がりて中食にす（正午頃）食後一時半頃出発して、元中根を通り肴町（裏町通り）より中町郵便局前にいで（二時頃）局前にて休み（一時間位）後末広町・新町、女学校通りより中通りを上がり廻りにて、東石橋にて夕食にす（六時半頃）、食後夜十時半頃出発して一時間の後集会所に入る。

五月二日　曇午後雨夜小雨

祭礼本楽、例年通り元中根町に並び午前十時頃出発して、市原に向かう始めより小雨降り居るも、山車を進め十二時頃御神前を済ます。社内に居る頃、雨降り居る中を警護町内御神前に入り、午後六時頃少し前中町山車御神前に入り帰路、市原より旭通りを東に向かい元中根町、正木町角で夕食にす。他肴町山車・新町山車・正木町山車順次並び（今年は雨の為車町協議の上神社より一路中町まで引き来たり夕食）（午後七時頃）食後山車に火を入れて、午後九時頃山車を動かして（椿の根より肴町に入り帰路筈《はず》の処）雨の為元中根町にて自由解散を致す十時頃中町集会所に帰る。

祭礼備考

本年祭礼は四月八日夜松秀寺にて祭礼打合集会の時、警護町内（寺横町奴・末広町獅子）前昭和四年、六年の例にて試楽（五月一日）正午より半日行列を行なう事。本楽（五月二日）は旧来通り行絢うと言う事にて、山車町内より警護町内は従前旧来通り行なうよう頼みたるに聞き入れざる為、前記通りにて決議したる為、祭礼当日は、寺横町を半分廻り試楽中食を公会堂前に止め、山車町談合の上正木町にて中食休をす。翌本楽帰路市原町地内にて夕食休み後、山車に火を入れる。前例を雨やまんやうで元中根町、正木町角にて夕食休み後、山車に火を入れ又雨の為、自由解散致す。他山車竹由より小島まで今年。

山車町　中町・肴町・新町・正木町
警護町　寺横町・末広町
余興町　小屋掛芝居　市原町
　　煙火打上げ、右七ヶ町外全町

「中町記録帳」

新町の山車　左側新築中の市万屋（現在空地）
昭和８年　集合場所の肴町通りで

◉昭和九年（一九三四）

各町花火打上げ

五月一日　市原神社祭礼　一時市原神社に集合。

花火　一、本町　二、緑町　三、緒川町　四、正木町　五、中町
六、寺横町　七、栄町

五時余興市原の万歳を最後にして終る。

「中町記録帳」

◉昭和十年（一九三五）

末広町獅子破損進行が遅れる

五月一日　市原神社大祭　新楽

中町集合六時、出発八時、中食正木町にて出発一時半、新町燈を入れる八時、出発九時、十一時過ぎ集会場に帰る。午前八時頃少し前末広町・中町の次に続いて、寺横町勢揃いして中町花車行き出すと共に、大名行列も表屋の前より札ノ辻まで、大名行列秋田出来守十万石の格式にて練り行く。花車は寺横町に入る大悟寺まで四町内並んで進み三角路より戻る。夜新町より灯を付けての帰りは、新町町内より申し入れもあり新町町内にてよく賑わしくよく練り進む。その故にて、新町は中町表屋前まで見送りに来る。午後十一時頃中町札の辻角に止り、肴町・正木町・新町の車を控えて灯の入れ直して、一はやし賑わかし各自解散となす。

五月二日　本楽

肴町三徳屋前より南横町通りに集合、九時出発神前に入る。一時中食、午後四時頃警護潮止めに至るそれより神前に入る。末広町獅子のあご破損して今修理中との申し訳にて、七時頃までかかりて漸《ようや》く神前を終る。為めに、車町の進行予定に進めず、世話人集会を社務所に開き決議す。時おそく相憎く風も強かりし為、大黒座の上まで進み此処にて、夕食灯を入れることとす。九時灯を入れて夜の花車、美事《みごと》に麗《うるわ》しく練り進みて、肴町地内に入る。十一時頃中町先頭にてよく賑々《にぎにぎ》しくはやす。十一時半頃集会所に帰る。正木町、肴町

迄。肴町、中町迄。中町、新町迄見送る。

「中町記録帳」

祭事余興挙行届

一、名　称　郷社市原稲荷神社神輿渡御祭奉納、奉仕山車神輿渡
　御警護獅子奴行列。
一、祭事日時　昭和十年五月一日・二日
　余興奉仕町名　中町・肴町・新町・正木町山車
　末広町獅子・寺横町奴行列。
一、余興執行方法　各余興奉仕町は、祭事世話人各四人宛進行責任
　者となりこれを執行す。
（一）獅子・奴行列は神輿の渡御に随行奉任す。
（二）奉納奉仕山車は、五月一日午前七時中町道路上に集合し
中町先車となりて肴町・新町・正木町の順に並び各町順行
別紙通路略図の通り（別紙はなし）進行。午後十時頃新町
路上に集合西進解散し、各町車庫内に収容第一日を終る。
第二日は、肴町路上に午前七時集合九時行進を始め、市原
神社に入り神前奉仕をなし、午後七時帰途行進に入り十時
頃解散各町内に帰り山車余興を終るものとす。
右祭事余興挙行仕りたく候間、此の段御届候也。

昭和十年四月

右届出人　碧海郡刈谷町大字刈谷中町　番地
氏名　㊞
生年月日

注意　此届書は二通のこと

安城警察署長
警部　殿

「中町記録帳」

正木町役割

御宿　加藤鈴三《れいぞう》　行司　正木愿《すなお》　元締　磯村紋三郎
氏子総代　石原鉢太郎　町総代　京極徳芳
世話人　加藤鈴三　加藤初吉　石原不二雄　那須一三
裃着　板倉健二　平井新吉　古橋鈁蔵《こくぞう》　森吾市　磯村紋三郎
正木愿　堀内勘之助　石原鉢太郎　都築太郎
京極徳芳　山口覚太郎
袴付　山田梅吉　加藤鈴三　細川萬一　加藤初吉　古橋賀男《よしお》
石原不二雄　二宮演吉　平井正夫　那須一三
丸尾繁光　小糸喜市　伊藤牛五郎　上田守　神谷義二
山飾　伊藤文　高松高正　神谷兼二
車付　二宮演吉　小糸喜市　伊藤牛五郎　上田守
若者　鈴木良平　平井直行　羽田鈋男《かねお》　古橋知次　堀内利之
細川一　加藤達郎　古橋正和

三味線　杵屋千代丸　金小春　金政之助　金志げみ
宿　代　山田梅吉
昭和十年五月二日挙行
市原稲荷神社御祭典
正木町

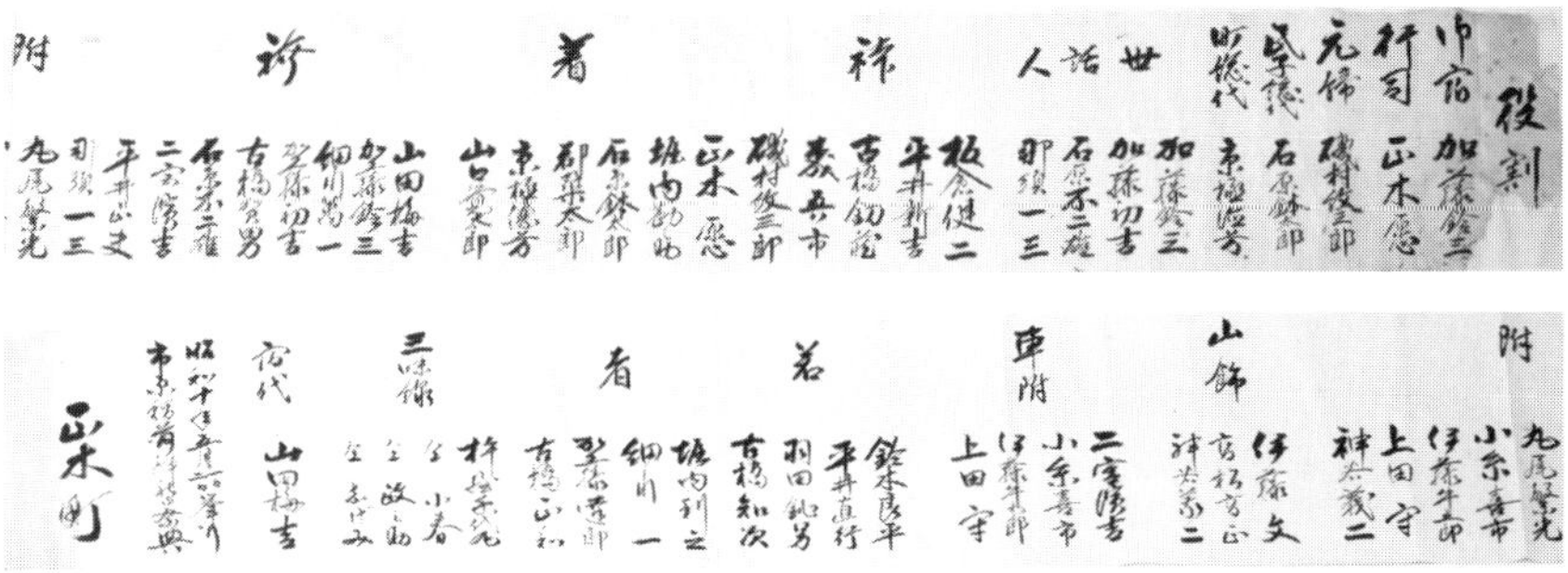
正木町役割　昭和 10 年 5 月 2 日

左から小久江鉦一・坂野鉦三・鈴木定次郎
昭和 10 年頃　刈谷町役場前で

大鳥毛：小久江鉦一　三角の袖
昭和 10 年頃　松秀寺で

左から小久江太左衛門　立弓：岡本初次郎
昭和 10 年頃　松秀寺で

梵天・具足・建弓・先箱・先槍・大鳥毛と続く。右は消防第２分団の車庫（元銀座センター現在空地）
昭和 10 年頃　刈谷町役場前で

末広町の獅子行列　後ろに御輿渡御　昭和 10 年頃　万年屋旅館前で（現在広小路６丁目）

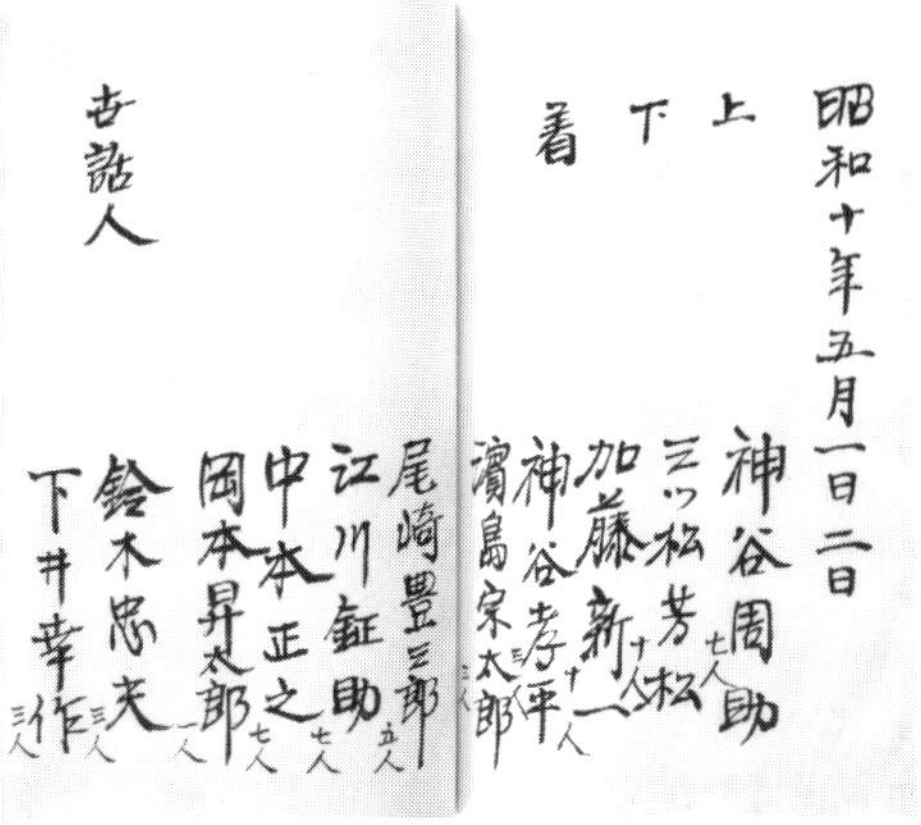
昭和十年五月一日二日
上
下
着
神谷周助
三ツ松芳松 七人
加藤新一 十人
神谷孝平 十人
濱島宗太郎 三人
世話人
尾崎豊三郎 五人
江川鉦助 七人
中本正之 七人
岡本昇太郎 一人
鈴木忠夫 三人
下井幸作 三人

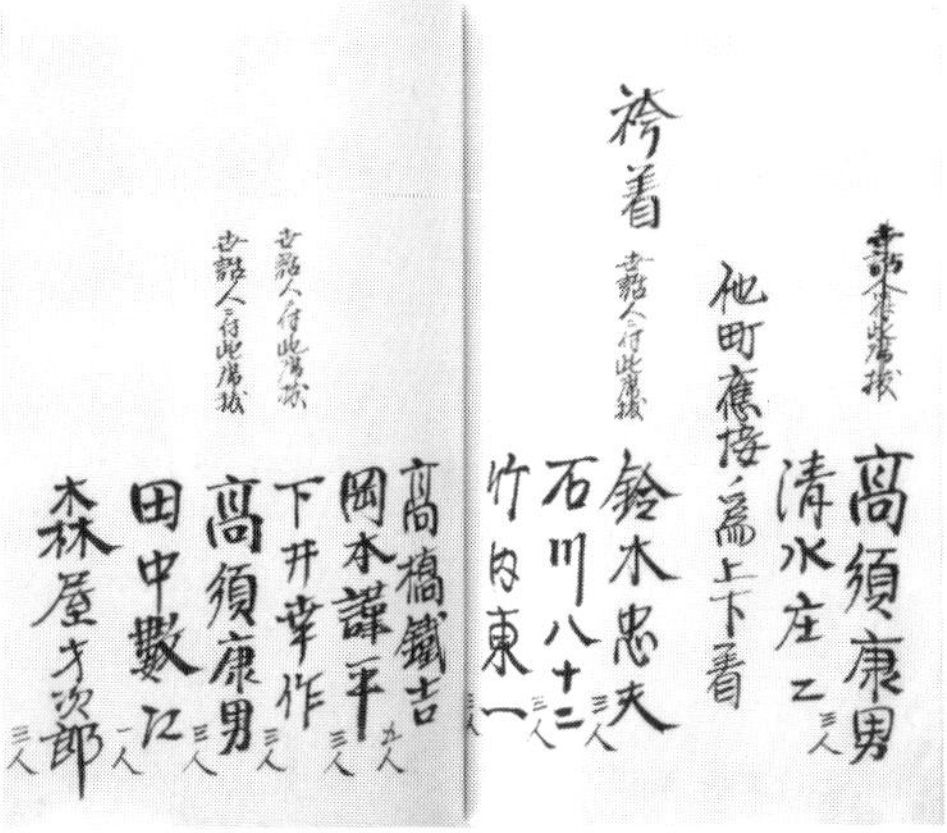
世話人ニ付此席控
高須康男
清水庄二 三人
他町應接ノ爲上下着
袴着
世話人ニ付此席控
鈴木忠夫 三人
石川八十二 二人
竹内東一
世話人ニ付此席控
世話人ニ付此席控
高橋鐵吉 五人
岡本謙平 三人
下井幸作 三人
高須康男 三人
田中數江 一人
森屋才次郎 三人

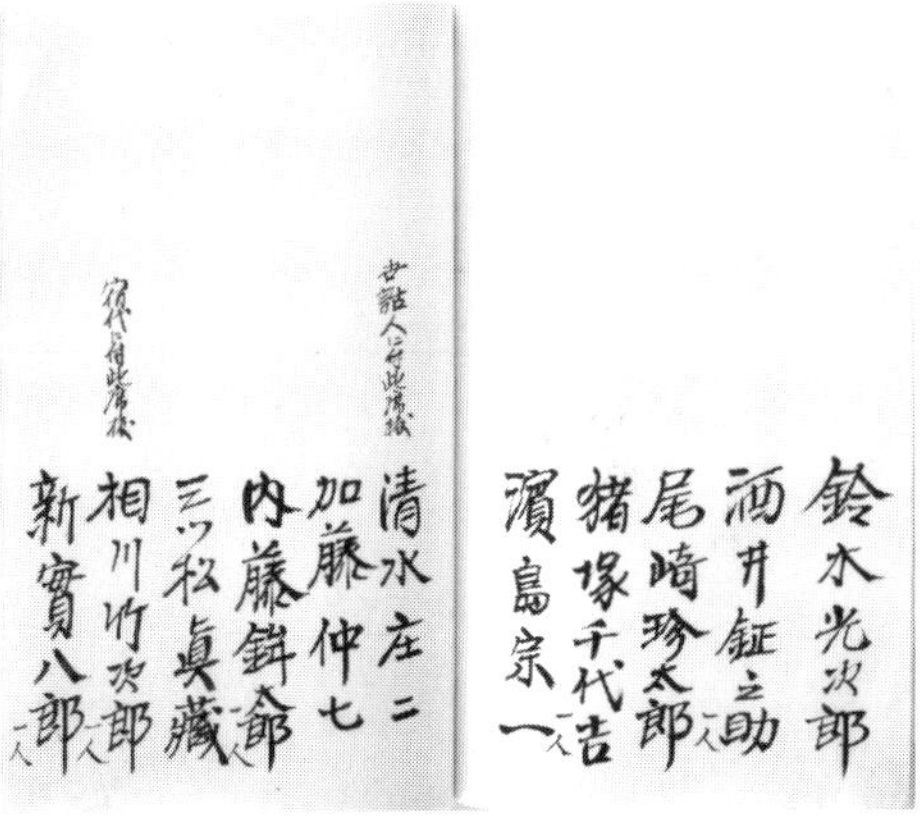
鈴木光次郎
酒井鉦之助 一人
尾崎珍太郎
猪塚千代吉 一人
濱島宗一
世話人ニ付此席控
清水庄二
加藤仲七
内藤鉾爺
三ツ松眞藏
宿代ニ付此席控
相川竹次郎 一人
新實八郎 一人

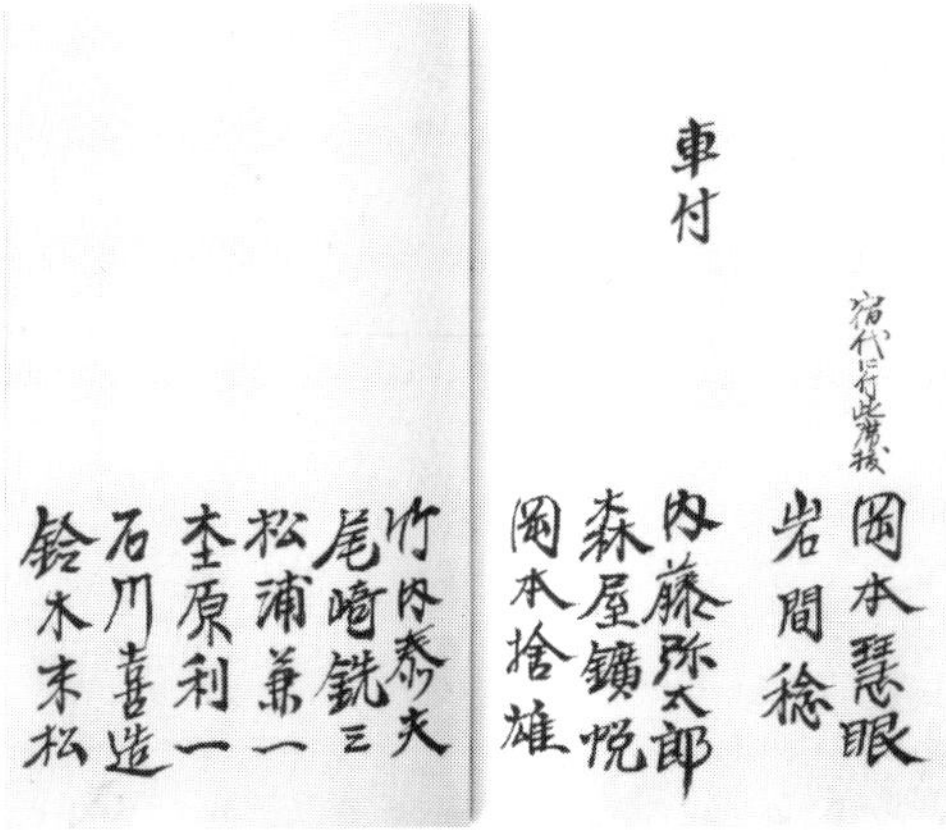
車付
宿代ニ付此席控
岡本慧眼
岩間稔
内藤弥太郎
森屋鏡悦
岡本捨雄
竹内泰夫
尾崎銑三
松浦兼一
杢原利一
石川喜造
鈴木末松

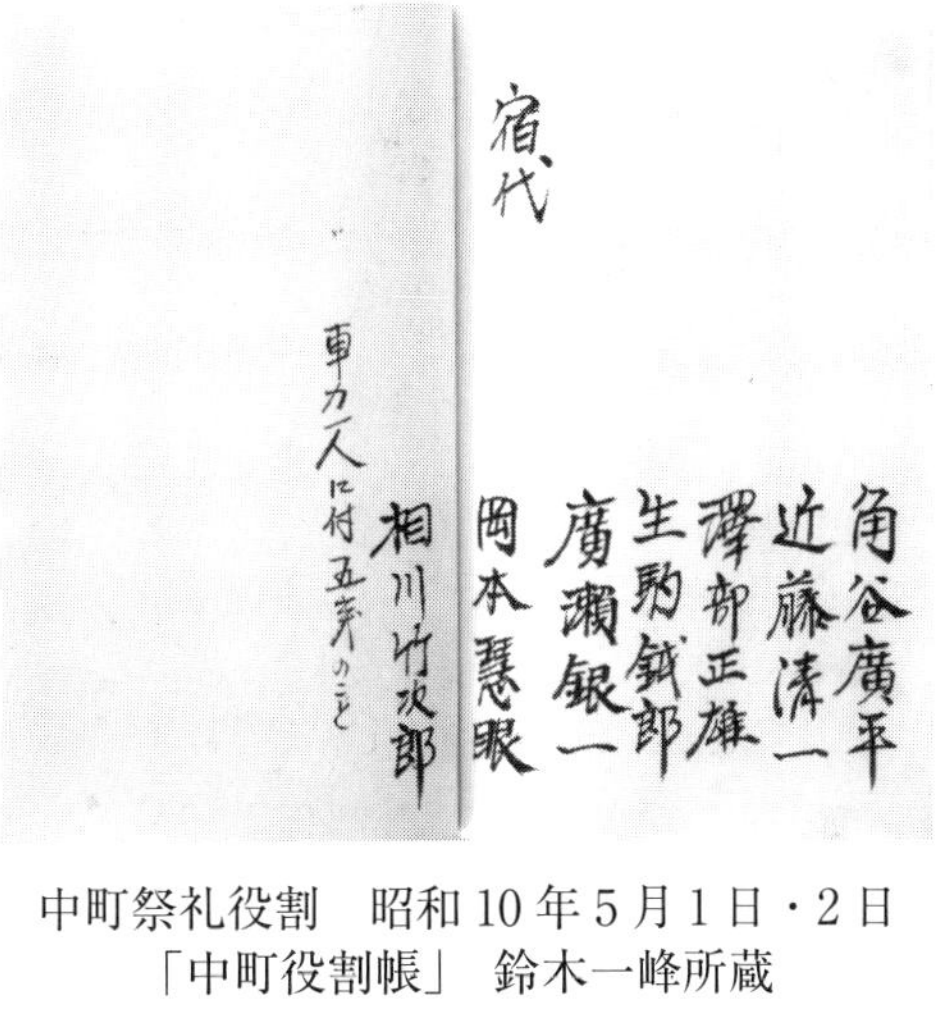
宿代
角谷廣平
近藤清一
澤部正雄
生駒鉞郎
廣瀨銀一
岡本慧眼
相川竹次郎
車力一人ニ付五拾錢のこと

中町祭礼役割　昭和10年5月1日・2日
「中町役割帳」 鈴木一峰所蔵

新町の山車　昭和10年　表屋商店前で
(現在銀座3丁目)

◉昭和十一年（一九三六）

陰祭

「刈谷町郷社市原神社の大祭は一日午前十時から盛大に執行、余興に煙火、万歳、投餅等あり大賑はひだった。」

「新愛知」　昭和十一年五月二日付

◉昭和十二年（一九三七）

新楽・本楽共雨

五月一日　市原神社祭礼　新楽

集合六時、出発十時例年通り中町表屋前に集合、寺横町新道を通り大悟寺前三角路を廻り千才（前栽《せんざい》）通りへ出て中町通りを通過、永楽屋前より角金、公会堂、かね仙を廻り正木町へ入る中食、午後二時半頃出発元中根通りより裏町・中町へ入る。雨の為集会を開く集会中ば小雨になり出発、従前通り新町を廻り石橋にとまる。八時火を入れ早時出発、新町の車が中町文助前迄で送り、中町が碧海銀行前迄で肴町を送り無事終了。

五月二日　本楽　集合雨天の為、十二時頃三徳屋前に集合。出発二時元中根通りより市原町へ入り、火の見前にて奴の為、一時間休み神前に入る。午後七時出発、市原いろは前にて夕食九時半頃火を入れ出発。元中根通りより正木町角迄入れ、後戻り元中根より肴町へ入る。肴町は中町を表屋前迄で送り、中町は新町を女学校通り迄送り帰る。

「中町記録帳」

中町の山車　昭和 12 年頃　髙橋文助商店前で（現在銀座 3 丁目）

【三河版】　（日曜日）

刈谷の大名祭り

きのふ第一日大賑ひ

碧海郡刈谷町郷社市原神社の二年目の大祭、一名刈谷の大名祭り第一日は一日午前十時から同社本殿内外に町一般公職者、女、小學《がく》校生徒等《と》多數參列《れつ》の上莊嚴《さうごん》に執《しつ》行、古典《てん》味豐な大名行列《れつ》や絢爛《けんらん》を競ふ四台の山車も午前九時半《はん》よりきらびやかに繰《くり》出され遠《ゑん》近の見物人殺到し全町大賑《にぎ》はひを呈《てい》した今二日は晴《せい》天に惠《めぐ》まれゝば右行列《れつ》、山車練の外神社一円で煙火、漫才《まんざい》、芝居等の余興《よけう》が盛大に催《もよほ》される（寫眞は大名祭りの賑ひ）

末廣町の獅子行列・左側中町の山車　「新愛知」昭和12年5月2日付
札ノ辻で（現在銀座交差点）

左から正木町・新町・肴町・中町の山車　昭和12年頃　市原稲荷神社で

肴町の山車　大屋根が大黒座　右が市原町の高張提灯（現在宮田自動車付近）昭和12年頃

◉昭和十四年（一九三九）
五月二日雨天決行

昭和十四年度市原祭礼記録
本年は日支事変中故、各町集合の結果各町投餅と決定。末町は獅子面を持て御輿に随行す。本五月二日午前中小雨午後晴れ半頃より投餅にかかる。半ば過ぎし頃より大雷雨となり、四時大降りとなり御輿は全町を廻られ最後頃なれば皆酷《ひど》くぬれて四時半頃終了。

「寺横町御祭禮清算帳」

◉昭和十六年（一九四一）
全部の行事を行う

市原神社祭礼 五月一日・二日
事変来中止の形にあった祭礼余興も神輿渡御と共に町内に於いて、有志の発議に依りて行なわる事となった。他町に於いても山車の出づる町も出来、最初は煙火打ち揚げの予定を変更して、有志に依って行なう言うも結局は形に於いて全部の行事となっと特に町商工発展会に於いても、その趣旨《しゅし》に賛《たたえ》せられて金六拾五円の補助寄付もあり、結局警護執行は二日の一日のみなりしも盛大に行なわれたり。

「寺横町御祭禮清算帳」

中町山車を出す

五月二日　市原神社祭礼　投げ餅

有志の尽力にて山車を引き出す。本年に限り自由行動にて神前に入り、午後六時より帰町七時各自庫内に納める。

「中町記録帳」

◉昭和十七年（一九四二）

余興中止

五月一日　市原神社祭礼

八日に集会の決議は相撲を行うことに決定せり。然るに四月二十九日昼、突然本町より余興を止めることの通告を受け、直《す》ぐ理由を本町世話人に新美・尾崎聞きに行く。費用多く要す為再集会を開くにも選挙中なるにより、警部補許可されぬ為よることが出来ぬ為、遂に余興を止めるに至った事を説明さる。

要は本町の不誠意によるものと思う。（再集会は警部補に頼みようによっては実現するものと確信す。）折角《せっかく》確定した余興も中止する事になった事は真に遺憾に思った。

「中町記録帳」

◉昭和十八年（一九四三）

戦時下余興中止子供角力を行う

昭和十八年五月市原神社祭礼

今年は、市原神社本祭り年に相当すれども各町集会決議の結果は、超非常戦時下内外四圍《しい》の情勢に鑑《かんが》み、本年は余興取り止めこれに替るに子供角力を以って致す議相談一決、其の費用としては各町より金五円宛徴収の事となり。本町・市原・緒川町の三町内に其の世話役を依頼す。従って、本年は御輿渡御例年の余興は無かりけり。祭礼当日は、一点の雲なく好い晴天にして子供角力も無事終了。

「寺横町御祭禮清算帳」

◉昭和二十年（一九四五）

余興角力

五月一日　市原神社祭礼

角力の余興、余興費各町割当二十円とす。

「中町記録帳」

◉昭和二十一年（一九四六）

中町山車を出す

五月一日　市原神社祭礼、

余興相撲各町〆二十一円、但し有志にて車を出す。若衆制を復活す。

五月二日

他町よりの誘いにより町の役員（世話人・班長・正副町内会長）集会を為《な》し、中町として山車を出す事となる。

「中町記録帳」

●昭和二十二年（一九四七）
マッカーサー司令部より祭礼費寄付金にて行う

五月一日・二日　市原神社祭礼山車にて行う。

本年はマッカーサー司令部申し渡しにより、祭礼費は寄付金にて行う事により、世話人及び若衆と共に町内中に御願い申し幸いに沢山の寄付金が集まり、尚この外に有志者の寄付金集まり盛大に終りたり。また本年は、中町・新町・正木町が山車にて、末広町は獅子車にて、他町は花火打上げ、青年会の踊り、御神輿は各町の寄付金にて渡御す。（中町の寄付百七十円也）本年は旧礼を改め自由行動に一日朝中町集合、夜は新町集合の上引き別れ。二日は正木町に集合す。午後四時より雨天となり六時頃引き別れす。

「中町記録帳」

●昭和二十三年（一九四八）
中町集会所修理の為山車を出さず

五月二日　市原神社御祭礼

本年は集会所大修理の為、当町は山車の引き出しは取りやめ他町と共に（角力）に付合せり。山車は新町・正木町・末廣町獅子車は引き出したり。尚御神輿の人件費は各町共寄付致したり。寄付金三百円也。

「中町記録帳」

●昭和二十四年（一九四九）
各町山車を出す

五月一日・二日　市原神社祭礼

第一日は、車町各町中町十字路に集合し南横町ー正木町ー新町のコースを通って新町マーケットにて解散。

第二日は、正木町大通りに集合正木町ー市原神社ー新町にて解散す。

「中町記録帳」

●昭和二十五年（一九五〇）
刈谷市制記念祝賀山車を出す

五月一日

本年は本町不参加の為、神社側より世話人集会を召集す。本年は陰祭さるも刈谷市制記念祝賀の為、山車を出し協賛す。

「中町記録帳」

正木町の山車　昭和25年

大名行列　昭和25年　肴町通りで

新町の山車　昭和25年　新町で

肴町の山車　昭和25年　肴町通りで

末広町の獅子　笠を被った子供が唐子になり獅子が舞う時に竹で作ったささらを鳴らす。
昭和 25 年　刈谷市役所で（元銀座センター現在空地）

◉**昭和二十六年（一九五一）**

中町に山車集合

五月一日　市原神社御祭礼

例年の通り山車を中町に並べ（午前八時）一時より寺横町－肴町－正木町－中根町－緑町－葭池町－新町裏通り－新町中通りのマーケット前に集合夜八時火をつけて、新町－末広町－中町を経て解散す。

五月二日

朝八時肴町広瀬酒店に集合、十時出発正木町－元中根－市原町－神社一時着、午後五時神社出発、市原町・元中根・正木町高砂前に集合し午後八時半火を点じ、肴町－中町を経て集会所に帰る。

「中町記録帳」

◉**昭和二十七年（一九五二）**

刈谷の春祭にぎわう

「刈谷の春祭、市原神社の大祭は一・二日の両實行われたが子供たちが引く四つの豪華な山車（中町・肴町・新町・正木町）が各町を練り歩いたほかミコシの渡御、府県対抗青年相撲リーグ戦、打揚花火などがあり終日にぎわった。」

「中部日本新聞」昭和二十七年五月三日付

肴町の山車　昭和 27 年　御宿倉橋ガラス店で（現在アクアセンターくらはし）

◉昭和二十九年（一九五四）

投餅・のど自慢音楽会

五月一日　市原神社御祭礼

世話人集会に於いて左記の事を行う。

一、煙火大会　中町世話役にて昼間煙火、玉数七〇〇発市原町中瀬。

一、投餅　松葉町世話役にて、市原神社境内。

一、のど自慢音楽会　栄町世話役にて、市原神社境内。

「中町記録帳」

新町の山車　昭和 27 年　新町で

◉昭和三十年（一九五五）

山車（肴町・新町・正木町）

新町の山車　昭和 30 年　市原稲荷神社で

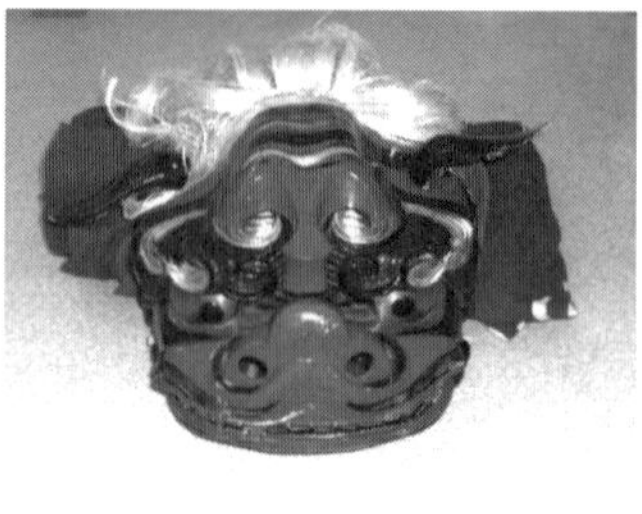

子供用獅子頭　4 月祭りに使用
昭和 27 年 4 月購入　寺横町所蔵

肴町印半天入れの蓋　昭和 30 年
製作：内藤好一　市川呉服店所蔵

◉昭和三十八年（一九六三）

十三年ぶり大名行列復活

四月十一日　市原稲荷神社遷座祭（午後七時）
市原稲荷神社本殿を百五十年ぶりに造営
四月十二日　市原稲荷神社奉祝大祭（午前十一時）
四月十三日　市原稲荷神社御輿渡御祭・大名行列
市原稲荷神社（午後一時）→東海銀行→銀座→新栄町→東陽町→市役所前→豊田町→寺横町→秋葉神社（午後五時）約百五十名
四月十四日大名行列
秋葉神社（午後十二時三十分）→銀座→新栄町→広小路→刈谷市駅前→元中根町→正木町→司町→市原稲荷神社

ポスター
昭和 38 年　「刈谷市勢要覧」
4 月 11 日市原稲荷神社遷座祭
4 月 12 日市原稲荷神社奉祝大祭
4 月 13･14 日豪華絵巻大名行列

殿様：水野久典《みずのひさのり》

神幸祭　緒川町で

大名行列　昭和 38 年 4 月 14 日
秋葉神社で（現在秋葉社）

新町の山車　昭和 38 年 4 月 14 日
右側正木町の山車　市原稲荷神社で

大名行列参加者　この年から衣裳を京都の貸衣装店から借りる。正覚寺から出発して
市原稲荷神社に向う。　昭和 38 年　正覚寺で

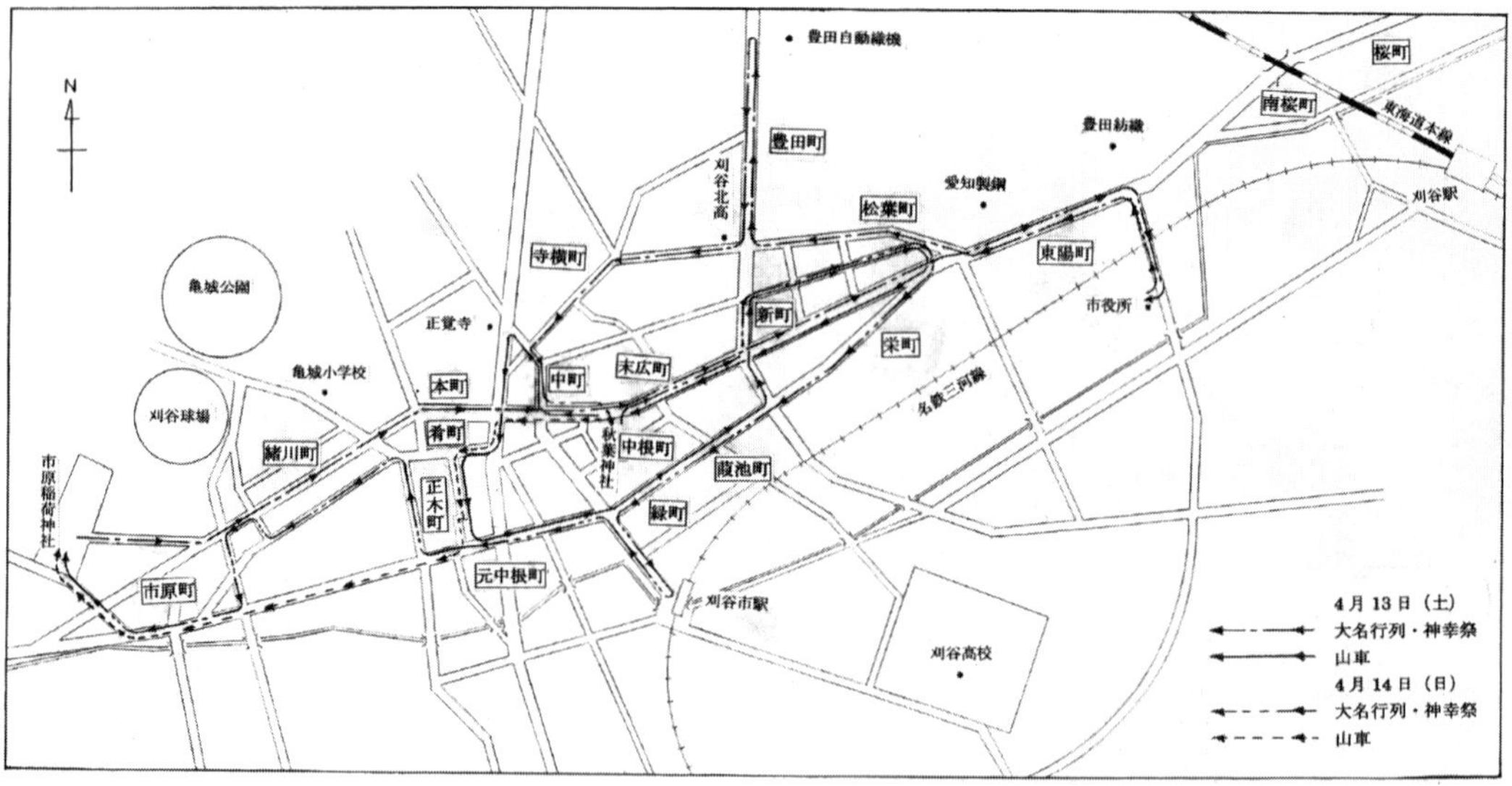

巡行図　昭和38年4月13日山車：秋葉神社（現在秋葉社）前に集合―中町―寺横町―肴町―正木町―元中根町―葭池町―新町―秋葉神社（現在秋葉社）前で解散
4月14日山車：秋葉神社（秋葉社）前集合―中町―肴町―正木町―元中根町―市原町―市原稲荷神社　帰りは同じコースで秋葉神社（現在秋葉社）前で解散

◉昭和三十九年（一九六四）
大名行列と神輿渡御を挙行

四月十一日大名行列　正覚寺（正午）市営球場→亀城公園→秋葉神社→銀座→東陽町→市役所→旧松葉町→豊田自動織機前→正覚寺
四月十二日大名行列　正覚寺→秋葉神社→新栄町→刈谷市駅前→肴町→司町→市原稲荷神社

大名行列　刈谷市駅前通りで

殿様：加藤照男《かとうてるお》

神幸祭　昭和 39 年　市原町で

刈谷のさくら祭ポスター
さくら祭（亀城公園）4 月 1 日～ 15 日
大名行列　4 月 11 日・12 日
「毎日新聞」 昭和 39 年 3 月 29 日付

◉昭和四十年（一九六五）

山車は今年が最後

四月十一日　正覚寺（午前九時三十分）銀座通り→東陽町→市役所→東陽町→広小路通り→刈谷市駅前→亀城公園→市原稲荷神社

殿様：長谷川伸一《はせがわしんいち》　刈谷市駅前で

中道具・筒持・御近習・
御籠と続く
市原稲荷神社で
写真：刈谷市提供

新栄町の山車　この年が最後となる、前年に松葉町と合併して新栄町に町名変更
昭和 40 年　市原稲荷神社で

◉昭和四十一年（一九六六）

四月十日　正覚寺（九時三十分）→銀座通り→東陽町→市役所→広小路通り→刈谷市駅前→銀座本町→市営球場→市原町稲荷神社

具足・建弓と続く　緒川町で

殿様：鬼頭俊行《きとうとしゆき》

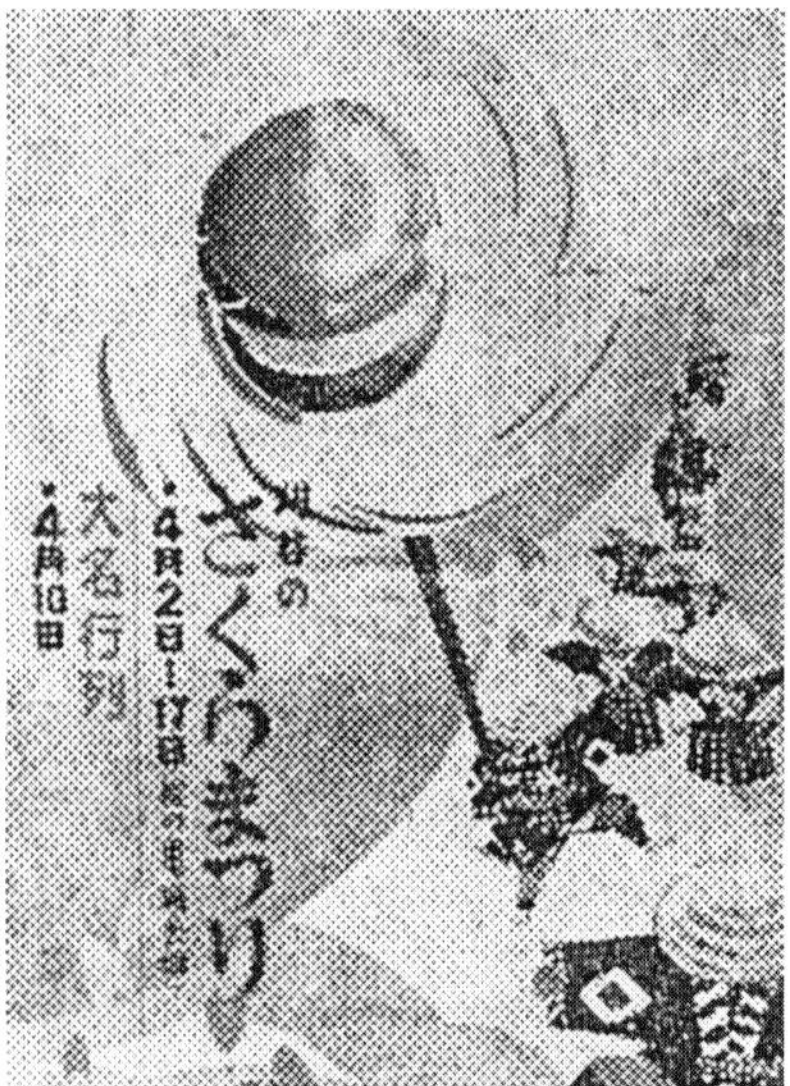

さくらまつりポスター
さくらまつり 4 月 2 日～ 17 日
大名行列　4 月 10 日
「毎日新聞」 昭和 41 年 3 月 24 日付

◉昭和四十二年（一九六七）

雨の中挙行

四月九日　正覚寺（午前九時三十分）→東海銀行前→銀座通り→刈谷商業家庭高校前→旧松葉町→東陽町→市役所→東陽町→刈谷市駅前→元中根→銀座本町→市営球場前→市原稲荷神社　約百二十名

さくらまつりポスター
4月1日～15日
大名行列　4月9日
「中日新聞」3月2日付

殿様：松沢啓一《まつざわけいいち》

◉昭和四十三年（一九六八）

明治百年を記念して盛大に行う

四月十四日　正覚寺（午前八時三十分）→銀座通り→東陽町→刈谷駅前→東陽町→広小路通り→刈谷市駅→元中根→亀城小学校前→市原稲荷神社　約百五十名

殿様：酒井利幸《さかいとしゆき》と御近習　正覚寺で

大名行列　刈谷市立図書館前で（現在城町図書館）

行列奉行　大名行列保存会会長（当時）
の椙山東　刈谷市駅前で

◉昭和四十四年（一九六九）
国鉄刈谷駅まで巡行

四月十日　正覚寺（午前八時三十分）→元中根交差点→刈谷市駅前→東陽町→刈谷駅前→市役所→東陽町→銀座通り→松秀寺→市営球場→市原稲荷神社　約百八十名

先箱・先道具・大鳥毛と続く　刈谷駅前で
写真：刈谷市提供

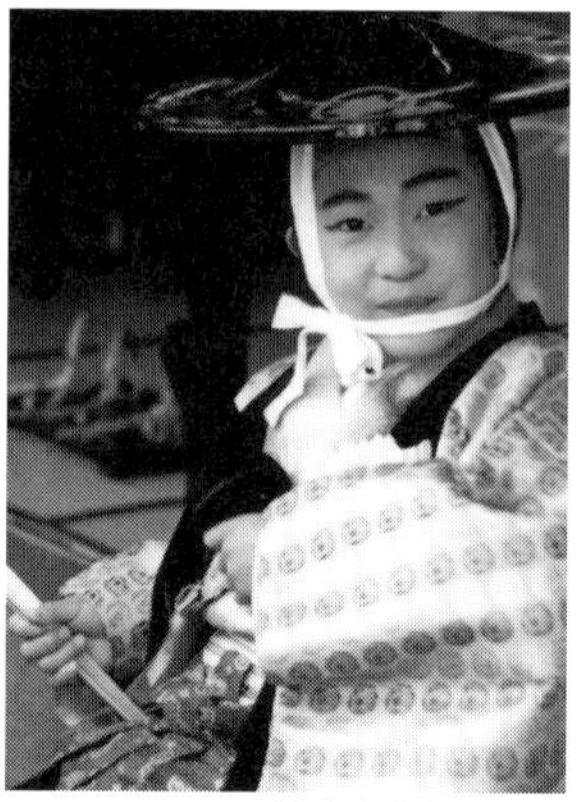

殿様：市川晶也《いちかわまさなり》

台傘・先中道具　刈谷球場東で

◉昭和四十五年（一九七〇）

市制二十周年記念於大の方が参加

四月十二日　正覚寺（午前九時）→刈谷市駅前→東陽町→刈谷駅前→西川屋前→市役所→東陽町→銀座通り→松秀寺→銀座本町→市原稲荷神社　百二十八名

行列世話人川口尚康（二）梵天（一）町総代（一）先払（二）供揃（一）行列奉行藤田良三（一）具足才領（一）具足（二）立弓（二）先箱（四）先道具（四）大鳥毛（四）台傘（二）立傘（二）先中道具（四）大目付加藤登（一）引供侍（六）中道具（四）筒持（六）先払（二）供揃（一）行司奉行椙山東（一）御使番（一）引供侍（四）目付（二）上﨟《じょろう》（四）於大の方毛受百合子（一）腰元（五）納戸役（一）引供侍少年武者（二十）大押鈴木金一郎（一）馬方（四）

桜まつりポスター　4月1日～15日
大名行列　4月12日
「毎日新聞」昭和45年3月13日付

於大の方：毛受百合子・腰元　始めて於大の方が参加する。　刈谷市駅前通りで

殿様：内藤信幸《ないとうのぶゆき》

◉昭和四十七年（一九七二）

天誅組志士松本奎堂・宍戸弥四郎が加わる

四月九日　正覚寺（午前九時）→銀座通り→刈谷市駅前→広小路→東陽町→刈谷駅前→市役所→東陽町→銀座通り→亀城公園前→市原稲荷神社（午後四時）

天誅組志士松本圭堂・宍戸弥四郎　銀座通りで
写真：刈谷市提供

殿様：鲈《すずき》 啓介《けいすけ》　東陽町通りで

桜まつりポスター
4月1日～16日
大名行列　4月9日

先箱　銀座通りで　写真：刈谷市提供

◉昭和五十年（一九七五）四月六日
市制二十五周年記念盛大に挙行

正覚寺（午前九時）→刈谷市駅前→広小路通り→東陽町→刈谷駅前→市役所→大手町→銀座通り→司町→市原稲荷神社（午後四時）

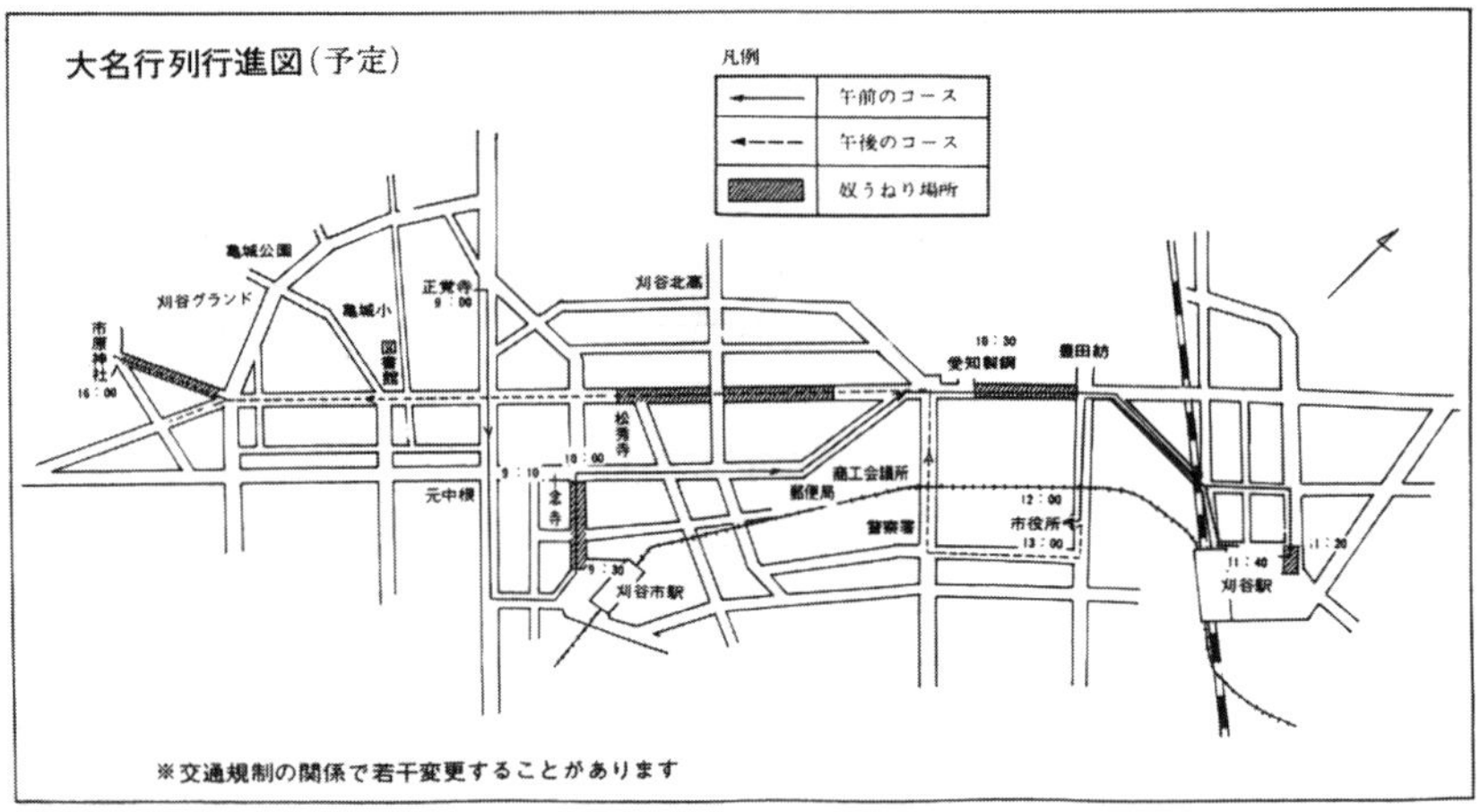

大名行列行進図　「市民だより」昭和50年4月1日付

殿様：関淳之《せきあつし》　正覚寺で

大鳥毛　銀座通りで

桜まつりポスター
4月1日～15日
市制35周年記念協賛行事大名行列
4月6日

◉昭和五十二年（一九七七）四月十日

市民踊愛好会が参加

正覚寺（午前十時）→元中根交差点→刈谷市駅前→広小路通り→大手町→市役所→東陽町→銀座通り→司町→市原稲荷神社（午後四時）約百五十名

殿様：神谷武志《かみやたけし》

桜まつりポスター　4月1日～15日
大名行列　4月10日
「市民だより」昭和52年3月20日

家老・供侍・御近習・御草履・大目付・供侍・少年武者と続く。　刈谷市駅前通りで

◉昭和五十五年（一九八〇）四月十三日

三年ぶり小雨の中で挙行

正覚寺（午前十時）→元中根交差点→刈谷市駅前→広小路→新栄町→東陽町→桜町→刈谷駅前→市役所→大手町→新栄町→刈谷北高校前→銀座通り→司町→市原稲荷神社（午後四時）総勢三百二十名

桜まつりポスター　4月15日～15日
大名行列　4月13日「刈谷ホームニュース」昭和55年4月5日付

先箱・先道具と続く。　銀座通りで
昭和60年ポスターより

左から宮田一松市長（当時）　上臈：八尋優子　於大の方：桑原淑恵　　上臈：関戸美穂
後方：腰元　刈谷市役所で　写真：刈谷市提供

先道具・大鳥毛と続く。寺横町で

殿様：豊《とよ》田《だ》偉久《よりひさ》　東陽町通りで

左から上臈：関戸美穂・於大の方：桑原淑恵
上臈：八尋優子　寺横町で

大鳥毛　　東陽町通りで

先箱・先道具・大鳥毛と続く。
東陽町通りで

神幸祭　刈谷駅前で　写真：刈谷市提供

◉昭和六十年（一九八五）四月十三日

五年ぶり挙行・ミササガ市長参加

正覚寺（午前十時）→元中根交差点→刈谷市駅前→広小路通り→東陽町→市役所→大手町→新栄町→銀座通り→司町→市原稲荷神社（午後四時）総勢約三百五十名

大鳥毛・先中道具と続く。　市原稲荷神社で
写真：刈谷市提供

殿様：堀田庄三《ほったしょうぞう》と御近習（西部子供会）

左から上臈：稲垣かおり・ミササガ市長ヘーゼル・マッキャリオン・於大の方：神谷美江・助手席上臈：梶川美智子
刈谷市駅前通りで

桜まつりポスター
4月5日〜14日
大名行列　4月7日

七、平成時代

平成に入ると、伝統芸能が継承されないとの危機感で大名行列は、平成九年から平成二十三年まで毎年の開催となる。平成二十五年からは隔年の開催になり行列は、小学校のブラスバンドを先頭に大名行列、一般公募での於大の方・於富の方・於上の方、少女腰元・少年武者他、山車（肴町・新町）、神幸祭が加わり総勢約五百名の協力を得て一大絵巻を繰り広げる。衣裳は、昭和三十八年から平成十年まで京都の貸衣装屋から借りていたのを、平成十一年から刈谷市の補助金により揃える。神幸祭は、平成二十二年まで市原稲荷神社から御旅所の秋葉社までの行き来でしたが、平成二十三年から万燈通りで大名行列・山車と合流して市原稲荷神社まで巡行する。

小垣江の山車は、明治十年に正木町が購入して昭和三十八年まで使用、平成六年に小垣江は、関興業㈱から譲り受けて平成十一年の金毘羅神社祭礼で復活する。

寺横町以外からは、今川町で今川奴会を結成して平成十二年今川市民館竣工記念として奴道中を行う。翌年にも東海道宿駅設置四百年祭記念で奴道中を行い、これ以降平成十八年には、今川八幡社が今川八幡宮に昇格三十年を記念して祭礼行事として隔年で行う事になる。

◉平成二年（一九九〇）五月三日
市制四十周年記念盛大に挙行

正覚寺（午前十時）→元中根交差点→刈谷市駅前→広小路→東陽町→市役所→大手町→新栄町→銀座→司町→市原稲荷神社（午後三時）

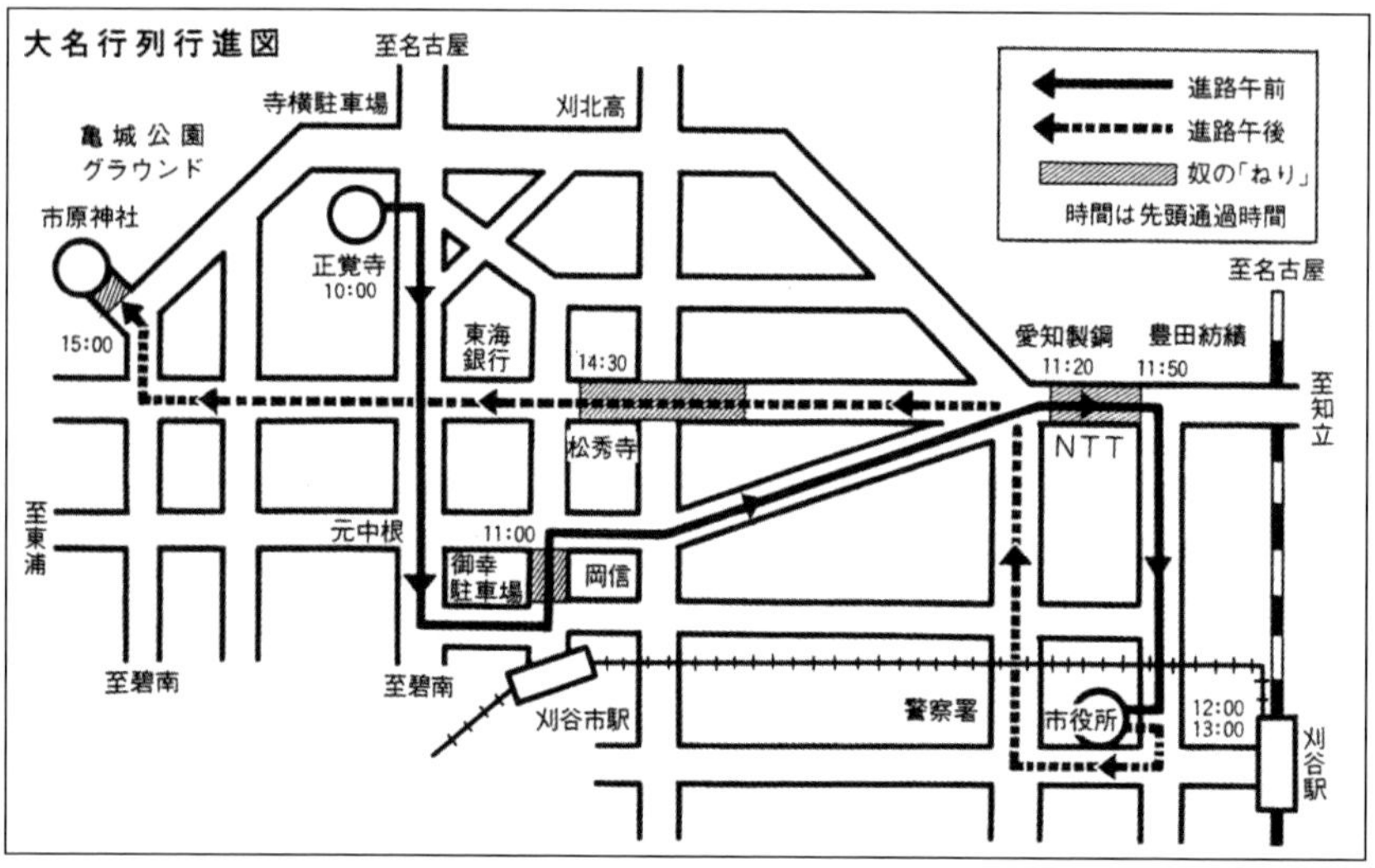

大名行列進行図　「市民だより」4月20日付

殿様：三《み》浦《うら》樹《たつき》　正覚寺で

神輿60年ぶりに修復する。秋葉神社で（現在秋葉社）

左から上臈《じょうろう》：両角広美・於大の方：野場早織
刈谷市役所で

立弓・先箱・先道具と続く　刈谷市駅前通りで

大名行列ポスター

大名行列　東陽町通りで

◉**平成七年（一九九五）五月三日**

正覚寺（午前十時）→元中根→刈谷市駅前→広小路→東陽町→市役所→大手町→寿町→新栄町→銀座→司町→市原稲荷神社（午後三時三十分）

先払い・少年武者　刈谷市駅前通りで

左から上臈：佐藤友紀・於大の方：兼子知与
上臈：伊藤寿己子　刈谷市駅前通りで

殿様：小島翔《こじましょう》　正覚寺で

大名行列ポスター

大名行列参加者　市原稲荷神社で

◉平成九年（一九九七）五月四日　三日雨天順延

今年から毎年挙行

正覚寺（午後一時）→元中根→刈谷市駅前→広小路→東陽町→新栄町→銀座→司町→市原稲荷神社（午後三時三十分）

先道具・大鳥毛・台傘と続く。刈谷市駅前通りで

於大の方：桜井涼子・於富の方：夏目直美・
於上の方：加藤みどり　刈谷市駅前通りで

大名行列ポスター

殿様：市川嘉之《いちかわよしゆき》　正覚寺で

◉平成十年（一九九八）五月四日

三日雨天の為順延

正覚寺（午後一時）→御幸町→刈谷市駅前→新栄町→万燈通り→銀座→司町市原稲荷神社（午後四時）総勢三百八十名

先箱・先道具・台傘・立傘・大鳥毛と続く。広小路通りで

大名行列ポスター

殿様：酒井《さかい》智隆《ともたか》　万燈通りで

テーブル敷き　殿様記念　酒井智隆

行列奉行　広小路通りで

◉平成十一年（一九九九）四月十一日

小垣江の山車が復活

新田集会所～金比羅神社まで引廻す。

小垣江の山車　金比羅神社祭礼
金比羅神社で

小垣江の山車　天井

山車の跡幕

「蓬窓《ほうそう》月暗《つきくら》くして樹《き》烟《けむ》るが如《ごと》し
岸《きし》を拍《う》つ波声客眠《はせいかくみん》を驚《おどろ》かす」

『菅茶山頼山陽《らいさんよう》詩集』

＊頼山陽：江戸後期の儒学者（一七八〇～一八三二）

小垣江の山車　跡幕

◉**平成十一年（一九九九）五月三日**

正覚寺（午後一時十五分）→寺横町→新栄町→東陽町→新栄町→万燈通り→広小路→於大通り→銀座→司町→市原稲荷神社（午後四時）

殿様：坂田和也《さかたかずや》　東陽町通りで

行列世話人・具足才領
市原稲荷神社で

左から於富の方：伊藤美紀・於大の方：川野由美子・於上の方：船橋朋子
於大通りで

刈谷の大名行列看板　刈谷駅で

大名行列ポスター

大名行列チラシ

◉平成十二年（二〇〇〇）四月二日
旧東海道で今川奴会が大名行列

今川市民館（午前十一時十五分）→旧東海道→富士松駅前（午後十二時）総勢五十名　今川市民館竣工記念で行う。

行列世話人・立傘・立弓、と続く。今川町で

先箱・先道具　今川町で

中箱・供槍　富士松駅前で

◉平成十二年（二〇〇〇）五月三日
市制五十周年記念 小垣江の山車が参加

正覚寺（午前十時）→御幸町→刈谷市駅前→広小路→東陽町→市役所→大手町→新栄町→万燈通り→広小路→於大通り→司町→市原稲荷神社（午後四時）

刈谷市制50周年刈谷の大名行列
万燈通りで

大名行列と小垣江の山車
刈谷市駅前通りで

殿様：宮田《みやた》泰伎《やすき》　東陽町通りで

大鳥毛　東陽町通りで

大名行列ポスター　平成 12 年

◉平成十三年（二〇〇一）五月三日

正覚寺（午後十二時四十五分）→寺横町→新栄町→東陽町→新栄町→万燈通り→広小路→於大通り→銀座→司町→市原稲荷神社（午後四時三十分）総勢三百名

大名行列ポスター

行列世話人・具足才領・梵天・立弓と続く。
市原稲荷神社で

殿様：百合嶋駿《ゆりしましゅん》　市原稲荷神社で

◉平成十三年（二〇〇一）十月十四日

東海道宿駅設置四〇〇年祭記念で奴道中

今川市民館（午後十二時）→旧東海道→今川八幡宮
今川奴道中役割　錫杖《しゃくじょう》（二）立弓（二）大鳥毛（九）先箱（四）
中箱（四）供箱（四）先道具（四）中道具（四）供槍（四）行列
世話人（四）弥次喜多（二）運営協力（四）総数四十七名

奴道中　幟旗

供箱・供槍　今川町で

先道具・大鳥毛と続く。今川町で

奴道中参加者と観光客。今川町で

◉平成十四年（二〇〇二）五月三日

肴町の山車が修復

正覚寺（午後十二時四十五分）→寺横町→新栄町→東陽町→万燈通り→広小路→於大通り→銀座→司町→市原稲荷神社（午後四時三十分）総勢三百五十名

修復した肴町の山車。於大通りで

殿様：安藤瑠一《あんどうりゅういち》

大名行列ポスター

大名行列看板。刈谷駅で

◉平成十五年（二〇〇三）五月三日

正覚寺（午後十二時四十五分）→寺横町→新栄町→東陽町→新栄町→万燈通り→広小路→於大通り→銀座→司町→市原稲荷神社（午後四時三十分）

殿様：松井憲吾《まついけんご》

左から於富の方：福井れい・於大の方：鶴見玲子・於上の方：清水美由紀　広小路通りで

大名行列ポスター

肴町の山車とお囃子。東陽町通りで

◉平成十六年（二〇〇四）五月三日

山車早朝小雨の為不参加

正覚寺（午後十二時四十五分）→寺横町→新栄町→東陽町→新栄町→万燈通り→広小路→於大通り→銀座→司町→市原稲荷神社（午後四時三十分）

先中道具　万燈通りで

先道具　万燈通りで

殿様：佐野光哉《さのみつや》　於大通りで

大名行列ポスター

◉平成十七年（二〇〇五）四月二十四日

愛知万国博に大名行列と山車が参加

大名行列　愛知万国博会場で

大名行列　愛知万国博会場で

肴町の山車　愛知万国博会場で

山車囃子　愛知万国博会場で

◉平成十七年（二〇〇五）五月三日

栗崎の奴・獅子舞と小垣江の山車が参加

正覚寺（午後十二時四十五分）→寺横町→新栄町→東陽町→新栄町→万燈通り→広小路→於大通り→銀座→司町→市原稲荷神社（午後四時三十分）

山車祭　東陽町（午前九時四十五分）→新栄町→万燈通り→広小路→於大通り→銀座→司町→市原稲荷神社（午後四時）

供侍・少年武者・家老と続く　万燈通りで

殿様：池田大輔《いけだだいすけ》　万燈通りで

刈谷の大名行列　手拭

大名行列ポスター

行列世話人・具足才領と続く　万燈通りで

金沢市栗崎町の加賀獅子舞　万燈通りで

金沢市栗崎町の奴道中　於大通りで

◉平成十八年（二〇〇六）五月三日

正覚寺（午後十二時四十五分）→寺横町→新栄町→東陽町→新栄町→万燈通り→広小路→於大通り→銀座→司町→市原稲荷神社（午後四時三十分）

山車祭　東陽町（午前九時四十五分）→新栄町→万燈通り→広小路→於大通り→銀座→司町→市原稲荷神社（午後四時）

大名行列ポスター

中道具・供槍　万燈通りで

大名行列・山車祭の垂幕
刈谷駅で

殿様：遠藤拓海《えんどうたくみ》

◉平成十八年（二〇〇六）十月八日

旧東海道で奴行列

今川八幡社が今川八幡宮に昇格して三十周年記念行事

今川市民館（午後一時）→旧東海道→今川八幡宮

先道具・大鳥毛・先中道具と続く　今川町で

梵天・立弓・先箱と続く
今川町で

立弓・先箱・先道具と続く　今川町で

◉平成十九年（二〇〇七）五月三日

正覚寺（午後十二時四十五分）→寺横町→新栄町→東陽町→新栄町→万燈通り→広小路→於大通り→銀座→司町→市原稲荷神社（午後四時三十分）

山車祭　東陽町（午後十二時四十五分）→新栄町→万燈通り→広小路→於大通り→銀座→司町→市原稲荷神社（午後四時）

殿様：石原愛也《いしはらあいや》

先箱　市原稲荷神社で

大名行列・山車祭ポスター

少女腰元　万燈通りで

◉平成二十年（二〇〇八）五月三日

子供奴が参加

正覚寺（午後十二時三十分）→寺横町→新栄町→東陽町→新栄町→万燈通り→広小路→於大通り→銀座→司町→市原稲荷神社（午後四時五十分）

山車祭　東陽町（午後十三時三十分）→新栄町→万燈通り→広小路→於大通り→銀座→司町→市原稲荷神社（午後四時三十分）

大名行列・山車祭ポスター

左から於上の方：鈴木香菜恵・於富の方：相濱梨沙　於大の方：張磊
東陽町通りで

山車祭記念バッチ

殿様：太田吉一《おおたよしひと》　万燈通りで

◉平成二十一年（二〇〇九）五月三日

新町の山車が修復

正覚寺（午後十二時）→寺横町→新栄町→東陽町→新栄町→万燈通り→広小路→於大通り→銀座→司町→市原稲荷神社（午後四時五十分）

山車祭　東陽町（午後十三時三十分）→新栄町→万燈通り→広小路→於大通り→銀座→司町→市原稲荷神社（午後三時四十五分）

行列世話人・具足才領・立弓・先箱と続く
万燈通りで

先箱　万燈通りで

大名行列・山車祭ポスター

殿様：清水将人《しみずまさと》　市原稲荷神社で

先箱　市原稲荷神社で

肴町・新町の山車とお囃子　東陽町で

◉平成二十二年（二〇一〇）五月三日

正覚寺（午前十一時三十分）↓寺横町↓新栄町↓東陽町↓新栄町↓万燈通り↓広小路↓於大通り↓銀座↓司町↓市原稲荷神社（午後三時十五分）

山車祭　東陽町（午後十三時三十分）↓新栄町↓万燈通り↓広小路↓於大通り↓銀座↓司町↓市原稲荷神社（午後三時）

侍女　東陽町通りで

大名行列・山車祭
ポスター

殿様：永坂謙龍《ながさかけんりゅう》　於大通りで

◉平成二十二年（二〇一〇）十月十日

今川八幡宮例大祭で子供奴

今川市民館（午後一時）↓旧東海道↓今川八幡宮

子供奴　今川町で

立弓・先箱・中道具と続く
今川町で

子供奴　今川八幡宮で　撮影：水野浩

◉平成二十三年（二〇一一）五月三日

正覚寺（午前十一時三十五分）→寺横町→新栄町→東陽町→新栄町→万燈通り→広小路→於大通り→銀座→司町→市原稲荷神社（午後三時二十五分）

山車祭　東陽町（午後十三時三十分）→新栄町→万燈通り→広小路→於大通り→銀座→司町→市原稲荷神社（午後三時）

◉平成二十四年（二〇一二）四月一日

大名行列は昨年から隔年で開催

山車を亀城公園でお披露目

山車蔵（午前十時）→亀城公園（午前十一時）

大名行列・山車祭ポスター

立弓・先箱　万燈通りで

山車祭記念バッチ

殿様：吉岡明寛《よしおかあきひろ》

肴町・新町の山車とお囃子　亀城公園で

刈谷山車祭　手拭

◉平成二十四年（二〇一二）十月十四日
今川八幡宮例大祭で奴のねりを奉納
今川市民館（午後十二時三十分）→旧東海道→乗蓮寺→今川八幡宮（午後二時）

行列世話人・梵天・立弓・先箱と続く
今川町で

大鳥毛・供槍・供箱と続く。
今川町で

梵天・立弓・先箱・中道具・大鳥毛と続く。
今川町で

第６回全国奴まつり　出場記念　平成 24 年 9 月 17 日　山形県河北町で　寺横町奴会

◉平成二十五年（二〇一三）五月三日

刈谷城築城四八〇年記念で飯田大名行列

正覚寺（午前十一時二十五分）→寺横町→新栄町→東陽町→新栄町→万燈通り→広小路→於大通り→銀座→司町→市原稲荷神社（午後三時三十五分）

山車祭　東陽町（午前十一時二十分）→新栄町→万燈通り→広小路→於大通り→銀座→司町→市原稲荷神社（午後三時十五分）

大名行列と肴町・新町の山車　東陽町通りで

殿様：杉山輝明《すぎやまてるあき》　東陽町通りで

大名行列・山車祭ポスター

神幸祭　万燈通りで

飯田市本町３丁目大名行列保存会
東陽町通りで

飯田市本町３丁目大名行列保存会　東陽町通りで

◉平成二十六年（二〇一四）十月十二日

今川八幡宮例大祭に奴のねり奉納

今川市民館（午後十二時三十分）↓旧東海道↓今川八幡宮（午後二時）

＊幼稚園児の甲冑行列…富士松南幼稚園・富士松南保育園から八十名

先道具・大鳥毛　今川八幡宮で

幼稚園児の甲冑行列　今川市民館で

立弓・先箱　今川八幡宮で

奴のねり参加者今川奴会　今川八幡宮で

◉平成二十六年(二〇一四)十月十九日

神明神社大祭

山車蔵(午前八時三十分)→王地公園→上松公園→小垣江交番→第十分団消防詰所→小島商店→神明神社(午前十一時五十五分・午後一時五十五分)→山車蔵(午後三時)

小垣江の山車巡行　小垣江町石ノ戸で

小垣江の山車宵祭り
10月18日　提灯平成
17年10月購入
新田集会所前で

小垣江の山車曳き廻し　王地公園前で

チャラボコ囃子　王地公園前で

唐子人形のからくりとお囃子車
平成18年4月から使用　王地公園前で

九、年表

西暦	年号	事項
六五三	白雉四年	亀狭山に瑞兆《ずいちょう》が現れ、その地に社殿（市原稲荷大明神）を創立。※21
一五一三	永正一〇年	水野忠政は亀狭山に城を築く為、社を市原の地に移し宝剣神馬を奉り武運の隆昌《りゅうしょう》を祈る。※21
一五七三	天正元年	四月一日・二日　市原稲荷大明神御祭礼に神輿渡御を行い御祭典が始まる。本町から獅子。※22
一五九八	慶長三年	水野勝成が四月朔日に祭祀を行う。※21
一六二五	寛永二年	松平定房が弓箭・砲筒・長鎗を出して祭祀を行う。※21
一六三五	寛永一二年	三代将軍徳川家光の時、武家諸法度で参勤交代を制度化。
一六五三	承応二年	知立祭礼始る。※23
一六八七	貞享四年	稲垣対馬守重富より本町花車を始め、獅子を本町から中町に譲る。※22・24
一七〇一	元禄一四年	末町花車出来る。⑳
一七〇五	宝永二年	肴町花車出来る。⑳
一七〇八	宝永五年	市原稲荷大明神御祭礼今年から本祭を一年置きに行う。⑤
一七一二	正徳二年	四月一日・二日　本町・肴町・中町から花車、寺横町は奴で警固する。本町・肴町・中町花車を修理。⑳ 四月三日　知立神社祭礼に出向く。⑳
一七一七	享保二年	神輿担ぎを今年から刈谷町・元刈谷村・熊村・高津波村の四ヶ村で行う。本町車入用の木材を願い出る。①
一七三一	享保一六年	四月三日　市原行列一番寺横町大名並に警固、殿様御神馬・長柄・鉄砲・弓・獅子・御輿・刈谷町神馬・元刈谷神馬。①
一七三三	享保一八年	四月一日・二日　市原稲荷大明神御祭礼、三日知立行。①
一七三五	享保二〇年	四月一日・二日　市原稲荷大明神御祭礼、本町・肴町・中町は糸絡繰り、四日知立町祭礼行　三日雨天順延。①
一七三七	元文二年	四月一日・二日　市原稲荷大明神御祭礼、三日知立町へ参る。本町若き者少なく祭礼難儀する。② 本町・肴町車修理。①
一七三九	元文四年	四月一日・二日　神輿・警固共に今年より町中、本町より寺横町・中町・末町・新町・裏町・南横町より本町・下町・肴町・中根を巡行。三日知立に参る。本町・肴町・中町車修理。②
一七四一	寛保元年	四月一日・二日　三日は知立へ参る。本町・中町車修理。四日御祝儀に廻る。②
一七四三	寛保三年	四月一日・二日　市原稲荷大明神御祭礼。三日四日雨天、五日知立御祭礼仕り廻る。四日御祝儀に廻る。肴町車修理。②

一七四五	延享二年	三月晦日　御城内へ車引き込む。四月一日丸之内へ引き込む。二日・三日天気好く仕り廻る。四日御祝儀に廻る。②
一七四八	延享五年	四月一日・二日　御祭礼。本町・肴町・中町車修理。②
一七五二	宝暦二年	四月一日・二日　花車、本町・中町・肴町。三日知立行き。②
一七五四	宝暦四年	四月一日・二日　本町・肴町・中町は岡崎・名古屋・知立から囃子方を雇う。②
一七五六	宝暦六年	四月一日・二日　花車、本町・中町・肴町。三日知立行き。②
一七五八	宝暦八年	四月一日・二日　花車、本町・中町・肴町。三日知立行き。③
一七六〇	宝暦一〇年	四月一日・二日　花車、本町・中町・肴町。三日知立行警固。③
一七六二	宝暦一二年	四月一日・二日　花車、本町・中町・肴町。三日知立行警固。③
一七六四	宝暦一四年	四月一日・二日　花車、本町・中町・肴町。三日知立行警固。③
一七六六	明和三年	四月一日・二日　御祭礼。寺横町祭礼道具焼失の為休祭。三日知立行警固。③
一七七〇	明和七年	月日不明　御祭礼。④
一七七二	明和九年	寺横町は困窮と人無き為、大名行列を休んで獅子で勤めたいと願い出る。④　知立は本祭の年であったが刈谷が祭礼を行ったので休祭。※23
一七七三	安永二年	月日不明御祭礼。知立は二年連続で休祭。今年から西暦の奇数年に行う。
一七七五	安永四年	月日不明御祭礼。④
一七七七	安永六年	今年は物入り多く、借金も増えた為に糸唐繰りを行い前踊りは中止。④
一七八一	安永一〇年	月日不明御祭礼。④
一七八三	天明三年	月日不明御祭礼。不作に付き車町は糸絡繰りを縮小して行う。⑤
一七八五	天明五年	月日不明御祭礼。困窮に付き車町は糸絡繰りだけ。⑤
一七八七	天明七年	八月六日・七日　今年は凶年に付き祭礼を八月に延期。⑤
一七八九	寛政元年	四月一日・二日　花車町は人形前踊り中止、糸絡繰りだけ行う。三日知立行き。⑤
一七九一	寛政三年	四月一日・二日　花車町は人形前踊り中止、糸絡繰りだけ行う。三日知立行き。凶作に付き八月に延期を願い出るが、手軽に勤める様言い渡される。⑥
一七九五	寛政七年	四月一日・二日　御祭礼。⑥
一七九七	寛政九年	四月一日・二日　新町は家数増え中町と分れて花車を出す。今年から前人形復活。三日知立行き。⑥
一七九八	寛政一〇年	九月　肴町寛政七年に祭礼道具焼失の為、花角力興行したいと願い出る。⑦

一七九九	寛政一一年	四月一日・二日　花車、本町・中町・肴町・新町。六月遊芸・歌舞伎・浄瑠璃・踊り・芝居を禁止。⑦
一八〇一	享和元年	四月一日・二日　御祭礼麦遺作にて、神楽だけその外は休み。三日知立行き休み。⑦
一八〇三	享和三年	四月一日・二日　花車、本町・中町・肴町・新町。三日知立行き。⑦
一八〇五	文化二年	三月晦日　町引き御見分。四月一日 御城内花車。三日 知立明神様。⑧
一八〇七	文化四年	三月晦日　町引き御見分。四月一日 御城内花車。二日 市原祭礼　三日知立明神様。⑧
一八〇九	文化六年	三月晦日　町引き御見分。四月朔日 御城内御祭礼。二日 市原祭礼。上天気近年になき大賑わい。三日 知立明神様へ。⑧
一八一〇	文化七年	八月　新町の車は古道具で難渋しているので、花角力興行を行いたいと願い出る。⑧
一八一一	文化八年	三月晦日　町引き御見分。四月一日 御城内花車。二日市原祭礼。三日 知立明神様。⑧
一八一三	文化一〇年	三月二九日 内見。四月一日 御城内車付け。二日市原祭礼。四日 知立明神様。⑧ 新町大幕を新調。
一八一五	文化一二年	三月二八日 内見。二九日 御奉行様御見分。十月八日 新町車修復の為花芝居を願い出る。⑨
一八一七	文化一四年	三月二九日 内見。晦日 御見分。朔日 御城内。二日 市原祭礼。四月三日 知立明神様。⑨
一八一九	文政二年	三月二九日 内見。晦日 御見分。朔日 御城内。二日 市原祭礼。花車本町・肴町・中町・新町。三日 知立明神様。⑨
一八二〇	文政三年	四月八日陰祭。二日の神楽は鳴物御停止に付き延期。⑨
一八二一	文政四年	三月二八日　内見。晦日 御見分。四月一日二日 御祭礼。三日 知立明神様。⑩
一八二二	文政五年	四月二日　陰祭に付き神楽を奉納。⑩
一八二三	文政六年	三月二九日　内見。晦日 御見分。四月一日 御城内御祭礼。二日 市原祭礼。四日 知立明神様。⑩
一八二四	文政七年	四月二日　陰祭。神楽を奉納。⑩
一八二五	文政八年	三月二九日　内見。晦日御見分。四月一日 御城内御祭礼。二日 市原明神様。三日 知立明神様。⑩
一八二六	文政九年	四月二日　陰祭に付き神楽を奉納。⑩
一八二七	文政一〇年	三月二八日　内見。晦日 御見分。四月一日 御城内御祭礼。二日 市原明神様。三日 知立明神様。⑩
一八二八	文政一一年	四月二日　陰祭に付き神楽を奉納。⑪
一八二九	文政一二年	三月二八日　内見順今年からくじで決める。晦日 御見分。四月一日 御城内。二日 市原明神様。三日 知立明神様。⑪ 四月肴町花車を修理。
一八三一	天保二年	三月二八日　内見。晦日御見分。四月一日 御城内御祭礼。二日 市原明神様。三日 知立明神様。⑪
一八三三	天保四年	三月二八日　内見。晦日 御見分。四月一日 御城内御祭礼。二日 雨天。三日 市原明神様。四日 知立明神様。⑪
一八三四	天保五年	四月二日　陰祭に付き神前神楽を勧める。⑪

一八三五	天保六年	三月二九日　内見。晦日　町引き。四月一日　御城内。二・三日　雨天延期。五日　市原御祭礼。六日　知立大明神様。⑫
一八三六	天保七年	四月二日　市原稲荷陰祭に付、神楽を勤める。⑫
一八三七	天保八年	文姫君様三月十六日御逝去に付き四月七日に延期。昨年不作と米価高騰に付き、神楽・神輿渡御・獅子だけで祭礼。知立行きは休み。⑫
一八三八	天保九年	四月二日　市原稲荷陰祭に付、神楽を勤める。⑫
一八三九	天保一〇年	三月晦日　町引き。四月一日　御城内。二日　市原御祭礼。三日　知立行き。⑬
一八四〇	天保一一年	四月二日　市原稲荷陰祭。神前で神楽を勤める。六月二九日　正木新道が開かれる。⑬
一八四一	天保一二年	三月二一日　大御所様（徳川家斉）薨御《こうぎょ》に付き、祭礼八月朔日二日に延期。三日　知立行き。⑬
一八四二	天保一三年	四月二日　市原稲荷陰祭。神前で神楽を勤める。⑬
一八四三	天保一四年	三月二九日　内見。晦日　町引き。四月一日　御城内。二日　市原御祭礼。三日　知立明神様。⑬
一八四四	天保一五年	四月二日　市原稲荷陰祭。神前で神楽を勤める。⑭
一八四五	弘化二年	三月二八日　御内見。二九日　町引き。四月一日　御城内御祭礼。二日　市原御祭礼。三日　雨天。四日　知立明神様。⑭
一八四六	弘化三年	四月二日　市原稲荷陰祭。神前で神楽を勤める。⑭
一八四八	嘉永元年	四月二日　市原稲荷陰祭。神前で神楽を勤める。三月　祭礼を正木新道は、肴町から分れる。⑭
一八四九	嘉永二年	三月二九日　内見。晦日　町引き。四月一日　御城内御祭礼。二日　市原御祭礼。三日　知立大明神行き。正木新道祭礼で神馬を差し出す。⑭
一八五〇	嘉永三年	四月二日　市原稲荷陰祭。神前で神楽を勤める。⑭
一八五一	嘉永四年	三月二八日　内見。晦日　町引き。四月一日　御城内御祭礼。二日　市原御祭礼。三日　知立大明神行き。　正木新道囃子台で手踊りにて勤める。⑮
一八五二	嘉永五年	四月二日　市原稲荷陰祭。神前で神楽を勤める。⑮
一八五四	嘉永七年	四月二日　市原稲荷陰祭。神前で神楽を勤める。二月　市原町は本町と組分れる。⑮
一八五五	安政二年	三月二八日　内見。二九日　町引き乱引き。四月一日　御城内御祭礼。二日　市原御祭礼。市原町四月祭礼で、神馬を差し出す。順番は八番。正木新道・市原町花車出来の時は総くじ。⑮
一八五六	安政三年	四月二日　市原稲荷陰祭。神前で神楽を勤める。⑮　十一月二〇日　寺横町祭礼蔵棟上げ。※26
一八五七	安政四年	三月二八日　内見。晦日　町引き。四月一日　御城内御祭礼。二日　市原御祭礼。⑮　中町大幕新調
一八五八	安政五年	四月二日　市原稲荷陰祭。神前で神楽を勤める。⑯

一八五九	安政六年	三月二九日　内見。晦日　町引き。四月一日　御城内御祭礼。二日　市原御祭礼。 花車の人形を車内から張り出して行う。⑯
一八六一	文久元年	三月晦日　御内見、町引き。四月一日　御城内御祭礼。二日　市原御祭礼。三日　知立行き。凶作と米穀高値に付き、糸絡繰り取り止め前人形だけ勤める。⑯
一八六二	文久二年	四月二日　市原稲荷陰祭。神前で神楽を勤める。⑯
一八六三	文久三年	御上落御留主中に付き延期。四月二〇日　町引き。二一日　市原御祭礼。両日共に暮れ六ッ時（午後六時）まで。⑰
一八六四	元治元年	四月二日　市原稲荷陰祭。神前で神楽を勤める。⑰
一八六五	元治二年	三月晦日　御内見、町引き。四月一日　御城内御祭礼。二日　市原御祭礼。三日　知立行き。 米穀高値に付き、糸絡繰り取り止め、前人形一幕だけ勤める。⑰　新町花車を修理。
一八六六	慶応二年	四月二日　市原稲荷陰祭。神前で神楽を勤める。⑰
一八六七	慶応三年	米穀高値に付き、六月五日に延期、前人形糸絡繰り中止打ち囃子だけで引廻す。⑰
一八六八	慶応四年	四月二日　市原稲荷陰祭。神前で神楽を勤める。⑱
一八六九	明治二年	三月晦日　町引き。四月一日　御城内御祭礼。二日　市原御祭礼。諸色高値に付き、車町は前人形道化三番叟を勤める。⑱
一八七〇	明治三年	四月二日　市原御祭礼に付き、町々家並びに提灯献灯仕る。⑲
一八七一	明治四年	三月晦日　内見、町引き。四月一日　御城内御祭礼。二日　市原御祭礼。両日とも絡繰り人形は中止、前人形のみ奉納。 三日　知立行き。七月二二日「郷社市原稲荷神社」に改名。⑲
一八七二	明治五年	八月　額田県通達により、手踊り・獅子舞・人形踊り等禁止。⑲
一八七三	明治六年	旧四月朔日・二日の祭礼を地券調べの為、新五月二五日・二六日に延期。車町は囃子だけで前人形は廃止。⑲ 二月　旧城内は「緒川町」となる。中根町出来る。六月　葭池町出来る。※24　元中根町出来る。※27
一八七五	明治八年	五月六日・七日　市原神社御祭礼に付き、献灯明・神輿警固・奴・飾り獅子・飾り車にて勤める。⑳ 緒川町・中根町・葭池町御神酒・燈明を奉納。※25
一八七六	明治九年	正木新道を正木町に改名。※24
一八七七	明治一〇年	正木町・市原町花車出来る。これで花車本町・中町・肴町・新町全六町内。※22
一八七八	明治一一年	四月二八日に祭礼日改正。八月組長を廃止して総代とする。※22
一八七九	明治一二年	四月二八日　市原稲荷神社御祭礼。花車中町・肴町・新町・正木町・市原町・本町は休祭　※27
一八八一	明治一四年	市原稲荷神社御祭礼。※27

一八八三	明治一六年	五月七日・八日（旧四月一日・二日）本町休祭花車中町・肴町・新町・正木町・市原町の五台。※27
一八八五	明治一八年	五月一五日・一六日（旧四月一日・二日）※28 帯剣の被着は神輿警固の者に限り許可する。※27
一八八六	明治一九年	五月五日　市原稲荷神社上棟式。花車本町・中町・肴町・新町・正木町。市原町は投げ餅。※25
一八八七	明治二〇年	四月二三日・二四日（旧四月一日・二日）元刈谷村へ始めて神輿渡御。緒川町は甲冑警護。※27
一八八八	明治二一年	五月二日　陰祭に付、角力・神楽を奉納。※26
一八八九	明治二二年	四月三〇日・五月一日（旧四月一日・二日）※26 元刈谷村神輿御巡幸、各町子供角力・末町音楽・元刈谷村獅子奉納。※22
一八九一	明治二四年	五月八日・九日（旧四月一日・二日）市原稲荷神社御祭礼。※28 緒川町は角力。※22・28
一八九三	明治二六年	五月一七日・一九日（旧四月二日・四日）一日 雨天順延　市原町花車を独自に引廻し警察が差し戻す、この為休祭。
一八九五	明治二八年	四月二五日・二六日（旧四月一日・二日）花車本町・中町・肴町・新町・正木町。警護寺横町・末町。御神楽中根町。 御神酒元中根町・葭池町。花火市原町。御神馬元刈谷村。一二月 市原稲荷神社社殿再建。※25
一八九七	明治三〇年	五月二日・四日（旧四月一日・三日）三日 雨天順延。※26・28
一八九九	明治三二年	五月一〇日・一一日（旧四月一日・二日）※28　一月二七日 拝殿棟上げ式。御遷宮式。※27
一九〇一	明治三四年	五月一九日・二〇日（旧四月二日・三日）旧一日 雨天順延。緒川町角力。※27・28
一九〇三	明治三六年	五月二七日・二八日（旧四月一日・二日）※28
一九〇五	明治三八年	五月五日・六日（旧四月一日・二日）刈谷駅付近に「桜町」が出来、御神酒・灯明を奉納。※25
一九〇六	明治三九年	四月「郷社市原稲荷神社」に指定。※26
一九〇七	明治四〇年	五月一二日・一三日（旧四月一日・二日）寺横町警護の帯を新調。※27 十月二六日「郷社市原稲荷神社」愛知県知事より告示。※25
一九〇八	明治四一年	今年から郷社市原稲荷神社祭典太陽暦五月二日に改正。※25
一九〇九	明治四二年	四月一日・二日（閏二月一一日・一二日）祭礼を電話開通都合上、新暦四月一日・二日に改正。※27
一九一〇	明治四三年	五月一日 神事。二日 花火・投げ餅。陰祭。※25
一九一一	明治四四年	五月一日・二日　花車・獅子・奴・角力・芝居境内大賑わい。※25 祭礼日を五月一日に愛知県知事の許可を得る。※26

一九一二	明治四五年	五月一日・二日　陰祭。
一九一三	大正二年	五月一日・二日　明治天皇御諒闇中に付、余興一切差し控える。※28
一九一四	大正三年	五月一日・二日　皇太后陛下崩御、御大葬に付神事のみ。※25
一九一五	大正四年	五月一日・三日　二日雨天に付き三日に延期。※28　一一月二五日御大典記念で奴・手踊り。※25
一九一六	大正五年	一月一日　社務所竣工。※25
一九一七	大正六年	五月一日・二日　桜町御神酒・燈明を奉納。※26・28
一九一八	大正七年	五月一日・二日　陰祭。※25
一九一九	大正八年	五月一日・三日　二日雨天順延。竹田宮殿下葬儀に付山車引廻し取り止め。※27
一九二〇	大正九年	五月一日・二日　陰祭。※25
一九二一	大正一〇年	五月一日・二日※28　神輿刈谷町・元刈谷村御巡回する。※25
一九二二	大正一一年	五月三日　陰祭余興投げ餅。※30
一九二三	大正一二年	五月一六日・一八日（旧四月一日・三日）一七日雨天順延。※30　四月二七日 神輿修理・装束新調。※29
一九二四	大正一三年	五月一日　陰祭余興投げ餅。※30　栄町が出来る。※25
一九二五	大正一四年	四月二三日・二四日（旧四月一日・二日）二三日午後から雨で中止。※27 桜町・栄町・葭池町御神酒・燈明を奉納。※25
一九二六	大正一五年	四月一五日　陰祭万歳芝居・投げ餅、今年から四月一五日に改正。本町は山車を売却。※29
一九二七	昭和二年	四月一五日　大正天皇御崩御御諒闇中に付、余興一切差し控える。※28
一九二八	昭和三年	五月一日　陰祭余興投げ餅・煙火。今年から祭礼日を五月一日二日に決定。※29・27
一九二九	昭和四年	五月一日・二日　余興は二日の一日だけ、一日を町引き。寺横町は新楽中止。正木町休祭。※29　今年から元刈谷村への神輿渡御は廃止。殿様着物新調。※27　神輿改修。※26　四月二八日　神輿殿竣工。中根町から組分れて緑町が出来る。新町から組分れて松葉町が出来る。※25
一九三〇	昭和五年	五月一日　一六町内を三組に分け六町万歳・五町花火・五町餅投げ。本町・中町・肴町・末町・新町・寺横町・正木町・中町・元中根町・市原町・緒川町・葭池町・桜町・栄町・緑町・松葉町　※30
一九三一	昭和六年	五月一日・二日　一日は各町自由行動。二日は神輿渡御・大名行列・花火・万歳・投げ餅。※27 七月二五日 末町を末広町に改名。※29
一九三二	昭和七年	五月二日　陰祭、中町煙火。※29

一九三三	昭和八年	五月一日・二日　山車中町・肴町・新町・正木町。警護寺横町・末広町、小屋掛芝居市原町、煙火外七町。※28
		七月　新町から組分れて東陽町が出来る。桜町から組分れて南桜町が出来る。※29
一九三四	昭和九年	五月一日　陰祭花火七町、万歳市原町。※29
一九三五	昭和一〇年	五月一日・二日 山車肴町・中町・新町・正木町。※27・29
		肴町山車御簾新調・心棒取換。※33
一九三六	昭和一一年	五月一日　陰祭。煙火・万歳・餅投げ。※31
一九三七	昭和一二年	五月一日・二日　山車中町・肴町・新町・正木町。※28
一九三八	昭和一三年	五月一日　陰祭。支那事変の為煙火は中止、各町投げ餅。※27
一九三九	昭和一四年	五月二日　支那事変の為各町投げ餅。※27・29
一九四〇	昭和一五年	五月一日　陰祭。※29
一九四一	昭和一六年	五月一日・二日　支那事変で中止になっていた余興復活。本年に限り各町自由行動。中町山車を出す。※27・29
一九四二	昭和一七年	五月一日　余興中止。※29
一九四三	昭和一八年	五月一日　余興は取り止め。子供角力。※27
一九四五	昭和二〇年	五月一日　余興角力。※29
一九四六	昭和二一年	五月一日　余興角力、中町のみ山車。※29
一九四七	昭和二二年	五月一日・二日　山車中町・新町・正木町。末広町は獅子、他町は花火。※29
一九四八	昭和二三年	五月二日　山車新町・正木町、獅子末広町。他町は角力。※29
一九四九	昭和二四年	五月一日・二日　山車中町・新町・正木町。※29
一九五〇	昭和二五年	五月一日・二日　刈谷市制記念祝賀、山車中町・肴町・新町・正木町。※29
一九五一	昭和二六年	五月一日・二日　山車中町・肴町・新町・正木町。※29
一九五二	昭和二七年	五月一日・二日　山車中町・肴町・新町・正木町。※32
一九五三	昭和二八年	五月一日・二日　例年通り御祭礼を挙行。※29
一九五四	昭和二九年	五月一日　一日限り。煙火・投げ餅・のど自慢音楽会。※29
一九五五	昭和三〇年	五月一日・二日　山車肴町・新町・正木町。
一九六〇	昭和三五年	大名行列保存会結成、会長岡本円二就任。　九月一日 中部地区の町名変更。
一九六三	昭和三八年	四月一三日・一四日　遷座祭。一三年ぶりに大名行列。※31　山車新町・正木町。奴衣裳を京都から借りる。

一九六四	昭和三九年	四月一一日・一二日　大名行列。※31　松葉町が新町と合併して「新栄町」。
一九六五	昭和四〇年	四月一一日　山車新栄町。※31　山車新栄町今年が最後となる。
一九六六	昭和四一年	四月一〇日　山車は今年から中止、大名行列。
一九六七	昭和四二年	四月九日　大名行列。雨天挙行。
一九六八	昭和四三年	四月一四日　大名行列。
一九六九	昭和四四年	四月一〇日　大名行列刈谷駅まで巡行。
一九七〇	昭和四五年	四月一二日　大名行列刈谷駅まで巡行。今年から於大の方が参加。大名行列保存会会長に椙山東就任。
一九七二	昭和四七年	四月九日　大名行列刈谷駅まで巡行。
一九七三	昭和四八年	一〇月　肴町の山車祭礼蔵から市川呉服店に移動。
一九七五	昭和五〇年	四月六日　大名行列市制二五周年記念。
一九七七	昭和五二年	四月一〇日　大名行列。
一九八〇	昭和五五年	四月一三日　大名行列市制三〇周年記念、小雨決行。今年から五年ごとに開催。新町の山車を刈谷市郷土資料館に展示。
一九八五	昭和六〇年	四月七日　大名行列。雨天決行。
一九九〇	平成二年	五月三日　今年から五月三日に変更。五年振りに大名行列。神輿を六〇年振りに修復。
一九九三	平成五年	大名行列保存会会長に小島九一就任。
一九九五	平成七年	五月三日　大名行列。
一九九七	平成九年	五月四日　三日雨天順延、今年から大名行列毎年行う。三月一三日 新町の山車刈谷市有形民俗文化財に指定。
一九九八	平成一〇年	五月四日　大名行列、三日雨天順延。先箱新調。二月二七日 小垣江の山車刈谷市有形民俗文化財に指定。
一九九九	平成一一年	五月三日 大名行列。奴衣裳新調。四月一一日 小垣江の山車金比羅神社祭礼で奉納。
		一一月一七日　奴のねり刈谷市無形民俗文化財に指定。一二月 市川裕士肴町の山車を市に寄贈。
二〇〇〇	平成一二年	五月三日　小垣江の山車が参加。八月二一日 肴町の山車を刈谷市有形民俗文化財に指定。四月二日 今川町で奴道中。
二〇〇一	平成一三年	五月三日　大名行列。　一〇月一四日 東海道宿駅設置四〇〇年記念今川町で奴道中。
二〇〇二	平成一四年	五月三日　大名行列、肴町の山車が復活。
二〇〇三	平成一五年	五月三日　大名行列。
二〇〇四	平成一六年	五月三日　大名行列、朝小雨の為肴町の山車は中止。
二〇〇五	平成一七年	五月三日　金沢市栗崎の奴・獅子舞が参加、肴町・小垣江の山車が参加。大名行列保存会会長に渡邉孝就任。

		四月二三日・二四日 愛知万博に肴町の山車参加。四月二四日 愛知万博に大名行列参加。殿様駕籠を新調。
二〇〇六	平成一八年	五月三日 大名行列、奴に女性が参加。四月一五日 小垣江金比羅神社大祭で唐子人形。一〇月八日 今川町で奴道中。
二〇〇七	平成一九年	五月三日 大名行列。
二〇〇八	平成二〇年	五月三日 大名行列、子供奴が参加。一〇月一二日 今川町で奴道中。
二〇〇九	平成二一年	五月三日 大名行列、新町の山車が復活して肴町と合わせて二台。
二〇一〇	平成二二年	五月三日 大名行列、神幸祭と合流して市内行進。一〇月一〇日 今川八幡宮例大祭で今川奴会が子供奴を奉納。
二〇一一	平成二三年	五月三日 大名行列。この年から大名行列隔年で行う。
二〇一二	平成二四年	五月三日 神幸祭・山車囃子を奉納。四月一日桜まつりに山車が参加。九月一七日 山形県河北町の「第六回全国奴まつり」に参加。一〇月一四日 今川八幡宮例大祭で奴のねりを奉納。
二〇一三	平成二五年	五月三日 大名行列。飯田市本町三丁目大名行列保存会が参加。
二〇一四	平成二六年	五月三日 神幸祭・山車囃子を奉納。一〇月一二日 今川八幡宮例大祭で奴のねりを奉納。一〇月一九日 神明神社大祭。

※①~⑳『刈谷町庄屋留町』番号は巻数
※21『刈谷町誌』
※22「刈谷町地暦更記」
※23『中町祭礼帳』
※24「市原神社由来記」
※25「市原稲荷神社細明記」
※26「市原神社永代録」
※27「寺横町御祭禮精算帳」
※28「中町役割帳」
※29「中町記録帳」
※30「中町祭禮日誌」
※31 新愛知
※32 中部日本新聞
※33「肴町四月御祭禮割帳」

参考文献

『刈谷町庄屋留帳』第一巻〜第二十巻　昭和五十一年〜昭和六十三年　刈谷市教育委員会編
『刈谷町誌』昭和七年（復刻版）昭和四十八年 刈谷町誌編纂会　名著出版
『刈谷市誌』昭和三十五年　刈谷市誌編纂委員会編
『刈谷市史』第二巻〜第四巻 平成二年〜平成六年　刈谷市史編纂委員会編
『刈谷市史』年表　平成七年 刈谷市史編纂委員会編
『刈谷町の今昔』昭和十二年九月二十五日　刈谷町観光会
『刈谷の万燈祭』河野和夫著　平成九年　愛知県郷土資料刊行会
『中町祭礼帳』平成五年 知立市歴史民俗資料館編
「小垣江村歴史史料集（四）」平成七年　小垣江町郷土の歴史研究会
「寺横町御祭禮精算帳」文政六年〜明治十八年 寺横町所蔵
「寺横町御祭禮精算帳」明治二十年〜昭和十八年 寺横町所蔵
「中町記録帳」大正十一年〜昭和三十年　刈谷市教育委員会所蔵
「肴町四月御祭禮割帳」昭和十年　刈谷市教育委員会所蔵
「肴町山車修繕寄附帳」昭和二十五年　刈谷市教育委員会所蔵
「中町役割帳」嘉永六年〜昭和十四年　鈴木一峰所蔵
「中町祭禮日誌」若衆組　大正十年〜昭和十二年　鈴木一峰所蔵
「刈谷町地暦更記」永正十年〜大正四年　河野和夫所蔵
「市原稲荷神社細明記」天正元年〜昭和四年　河野和夫所蔵
「市原神社由来記」天正元年〜大正九年　河野和夫所蔵
「市原稲荷神社社務日誌」明治四十一年〜大正元年　市原稲荷神社所蔵
「市原神社永代録」天正元年〜昭和四年　市原稲荷神社所蔵
「愛知大学総合郷土研究所紀要第48輯」刈谷藩における山車祭り 村瀬典章　平成十五年　愛知大学
「新愛知」昭和十一年〜昭和十二年
「中部日本新聞」昭和二十五年〜昭和三十九年
「中日新聞」昭和四十年〜平成二十五年
「毎日新聞」昭和三十八年〜平成二十五年
「朝日新聞」昭和三十四年〜平成二十五年
「読売新聞」昭和五十二年〜平成二十五年
「刈谷ホームニュース」昭和六十年〜平成二十五年
「市民だより」昭和三十八年〜平成二十五年

写真・資料提供及び取材協力者（順不同・敬称略）

青山宗和・尾崎要・故市川裕士・市川裕大・市川晶也・故小沢正一・故小嶋巌・清水昌造・故鈴木一峰・鮖昌衛・故椙山東・岡本守二・岡本栄子・故小久江鉦一・小島九一・酒井利幸・佐藤達雄・故澤俊明・関秀雄・故多田保一・豊田憲保・内藤進・長谷川伸一・平井芳男・故古橋知次・故古橋正和・故松井利明・水野節子・水野浩・故吉田鈞・吉田賢治・渡邊孝・市原稲荷神社・刈谷市商工課・刈谷市文化振興課・刈谷市郷土資料館・刈谷市中央図書館・刈谷市大名行列保存会・刈谷山車祭保存会・刈谷古文書研究会・名古屋市博物館

この他多数の方々の御協力を頂きました。厚く御礼を申上げます。

あとがき

古文書を主体として時代ごとに、記録としてまとめました。この本であの時は「どうだったか」と昔のことを思い出しながらご覧になられ、今後の祭礼に参考になればと思います。

この本をまとめたことにより、祭の形態が昔と現在とでは随分違ってきたことを痛感しました。行列では神輿を迎えに、末町から獅子、寺横町から大名行列、車町から山車が市原町稲荷神社に集合した後、獅子・神輿・大名行列・山車の順に町中を巡行した。当時の写真からは、大勢の見物人で溢れ街に活気があり行列の華やかな場面を見ることができます。現在は諸事情の関係で別々に行動するようになる。奴の道具は、梵天から始まって町総代・先拂・具足才領・具足・立弓・先箱と続いていましたが、現在の行列は、具足・床机・鷹匠餌差・大押・行列世話人が人手不足等で無くなっています。山車では、花車・華車等と親しく呼ばれて、お祭が近づく一ヶ月前からお囃子の稽古と共に、御婦人の方々が和紙に絵の具で色付をして桜の花びらを作り、町内が一体となって春祭が来るのを楽しみにしていました。お祭が無事に終わると地元の料理旅館などで行う宴会「山下ろし」を楽しみ町内の絆をいっそう強めていきました。

調査は経験者の方からの聞き取り、『刈谷町庄屋留帳』から祭礼に関する記事の拾い出し、市原稲荷神社での資料調査・寺横町・中町・肴町等の資料収集を行い、古文書の解読は、刈谷古文書研究会の皆さんにご協力を頂いた。これにより各年の出来事を記載することが出来た。古文書は読みやすくするために読み下し文にして、見出しを付けてその時の出来事がわかるように老若男女の方々に親しんで頂けるようにした。懐かしい写真は、多くの方から提供していただき厚く御礼を申し上げます。

近年は人出不足等で祭礼を挙行するのに一苦労されていますが、私たちが先輩たちから引き継いだ素晴らしい刈谷の文化財・芸能を後世に伝え、保存することは私たちの義務でもあります。今後刈谷の伝統芸能がさらに発展することを願っております。

心残りでありますが、お亡くになられた方々には御存命中の出版にはなりませんでした。心よりお礼を申し上げますと共に御冥福をお祈りいたします。

平成二十七年三月吉日

河野和夫

［著者略歴］

河野　和夫（こうの・かずお）

昭和 24 年（1949）愛知県刈谷市生まれ
昭和 47 年（1972）中部工業大学　土木工学科卒
［著書］『刈谷の万燈祭』愛知県郷土資料刊行会・平成 9 年（1997）
〒 448-0855　愛知県刈谷市大正町二丁目 612 番地
電話　0566-22-6580
Email　kouno-k@katch.ne.jp

刈谷の大名行列と山車祭

2015 年 4 月 3 日　第 1 刷発行　　（定価はカバーに表示してあります）

著　者　　河野　和夫

発行者　　山口　章

発行所　名古屋市中区上前津 2-9-14　久野ビル
振替 00880-5-5616 電話 052-331-0008
http://www.fubaisha.com/
風媒社

乱丁・落丁本はお取り替えいたします。　＊印刷・製本／モリモト印刷
ISBN978-4-8331- 1540- 7